Lento e Gustoso

Ricette da Slow Cooker

Alessio Morelli

Sommario

Pollo con pasta, cottura lenta 22

INGREDIENTI 22

PREPARAZIONE 23

Pollo con cipolle 24

INGREDIENTI 24

PREPARAZIONE 24

Gnocchi di pollo al prezzemolo 25

INGREDIENTI 25

PREPARAZIONE 26

Pollo con cipolline e funghi 27

INGREDIENTI 27

PREPARAZIONE 28

Pollo all'ananas 29

INGREDIENTI 29

PREPARAZIONE 30

Pollo e riso in casseruola 31

INGREDIENTI 31

PREPARAZIONE 31

Pollo al peperoncino 32

INGREDIENTI 32

PREPARAZIONE 33

Pollo e verdure alla cinese 34

INGREDIENTI 34

PREPARAZIONE 35

Gallina selvatica della Cornovaglia con riso 36

INGREDIENTI 36

PREPARAZIONE 36

Pollo della Cornovaglia con salsa all'uvetta 37

INGREDIENTI 37

PREPARAZIONE 37

Petto di pollo Capitan Country 39

INGREDIENTI 39

PREPARAZIONE 40

Pollo e funghi di campagna 42

INGREDIENTI 42

PREPARAZIONE 42

Pollo Country Club Club 43

INGREDIENTI 43

PREPARAZIONE 44

Pollo ai mirtilli 45

INGREDIENTI 45

PREPARAZIONE 45

Pollo ai mirtilli II 46

INGREDIENTI 46

PREPARAZIONE 47

Pollo con crema di formaggio 48

INGREDIENTI 48

PREPARAZIONE 48

Pollo cremoso e carciofi 50

INGREDIENTI 50

PREPARAZIONE 50

Pollo italiano cremoso 51

INGREDIENTI 51

PREPARAZIONE 52

Pollo alla creola 53

INGREDIENTI 53

PREPARAZIONE 54

Pollo creolo con salsiccia 55

INGREDIENTI 55

PREPARAZIONE 56

Pollo e carciofi in pentola di coccio... 57

INGREDIENTI 57

PREPARAZIONE 58

Pollo in padella e spezie 59

INGREDIENTI 59

PREPARAZIONE 60

Mi mancano anche le enchiladas di pollo in pentole di terracotta 61

INGREDIENTI 61

PREPARAZIONE 61

Mi mancano anche le enchiladas di pollo in una ciotola 63

INGREDIENTI 63

PREPARAZIONE 63

Pollo in una tortilla pot 64

INGREDIENTI 64

PREPARAZIONE 64

Crockpot cassoulet.. 66

INGREDIENTI 66

PREPARAZIONE 67

Gnocchi di pollo ed erbe aromatiche... 68

INGREDIENTI 68

PREPARAZIONE 69

Pollo grigliato 70

INGREDIENTI 70

PREPARAZIONE 71

Pollo grigliato 72

INGREDIENTI 72

PREPARAZIONE 72

Pollo Crockpot Chili 73

INGREDIENTI 73

PREPARAZIONE 74

Chow Mein di pollo Crockpot 75

INGREDIENTI 75

PREPARAZIONE 76

Cordon Bleu di pollo Crockpot 77

INGREDIENTI 77

PREPARAZIONE 77

Crockpot Pollo Cordon Bleu II 78

INGREDIENTI 78

PREPARAZIONE 79

Cosce di pollo Crockpot 80

INGREDIENTI 80

PREPARAZIONE 80

10. Variazioni.. 81

Ricetta Fricassea Di Pollo Crockpot 82

INGREDIENTI 82

PREPARAZIONE 83

Casseruola di pollo Ruben Crockpot 84

INGREDIENTI 84

PREPARAZIONE 85

Pollo in casseruola con carciofi 86

INGREDIENTI 86

PREPARAZIONE 87

Pollo Crockpot con senape di Digione 88

INGREDIENTI 88

PREPARAZIONE 88

Spezzatino di pollo con riso 89

INGREDIENTI 89

PREPARAZIONE 90

Casseruola di pollo con pomodori 91

INGREDIENTI 91

PREPARAZIONE 91

Pollo alla cola Crockpot 92

INGREDIENTI 92

PREPARAZIONE 92

Pollo alla creola Crockpot 93

INGREDIENTI 93

PREPARAZIONE 94

Casseruola di pollo piccante con ripieno 95

INGREDIENTI 95

PREPARAZIONE 95

Casseruola di pollo piccante con ripieno 97

INGREDIENTI 97

PREPARAZIONE 98

Pollo Crockpot italiano 99

INGREDIENTI 99

PREPARAZIONE 100

Fagioli di Lima in pentola di coccio con pollo 101

INGREDIENTI 101

PREPARAZIONE 101

Delizia di maccheroni e formaggio Crockpot 102

INGREDIENTI 102

PREPARAZIONE 102

Debutto pollo e pentola ripiena 103

INGREDIENTI 103

PREPARAZIONE 103

Pollo di Re Diana 105

INGREDIENTI 105

PREPARAZIONE 105

Pollo con verdure all'aneto 106

INGREDIENTI 106

PREPARAZIONE 106

Don pollo in agrodolce 107

INGREDIENTI 107

PREPARAZIONE 108

Pollo al formaggio a cottura lenta facile 109

INGREDIENTI 109

PREPARAZIONE 109

Pollo alla cacciatora facile 110

INGREDIENTI 110

PREPARAZIONE 110

Salsa facile per pasta al pollo 111

INGREDIENTI 111

PREPARAZIONE 112

Pollo semplice alle mandorle 113

INGREDIENTI 113

PREPARAZIONE 114

Cassoulet facile Crockpot 115

INGREDIENTI 115

PREPARAZIONE 116

Pollo Crockpot facile Santa Fe di Cindy 117

INGREDIENTI 117

PREPARAZIONE 117

Jeff Easy Pollo fritto con salsa 118

INGREDIENTI 118

PREPARAZIONE 118

Pollo allo zenzero e ananas 119

INGREDIENTI 119

PREPARAZIONE 119

Pollo greco 120

INGREDIENTI 120

PREPARAZIONE 120

Bastone hawaiano 121

INGREDIENTI 121

PREPARAZIONE 121

Pollo piccante con verdure 122

INGREDIENTI 122

PREPARAZIONE 123

Pollo piccante con riso selvatico 124

INGREDIENTI 124

PREPARAZIONE 125

Pollo con miele e zenzero 126

INGREDIENTI 126

PREPARAZIONE 127

Pollo alla griglia con miele e patate dolci... 128

INGREDIENTI 128

PREPARAZIONE 129

Pollo Hoisin al miele 130

INGREDIENTI 130

PREPARAZIONE 131

Pollo italiano 132

INGREDIENTI 132

PREPARAZIONE 132

Pollo italiano in pentola 134

INGREDIENTI 134

PREPARAZIONE 135

Pollo italiano con spaghetti, pentola a cottura lenta............................ 136

INGREDIENTI 136

PREPARAZIONE 137

Pollo alla Stroganoff facile 138

INGREDIENTI 138

PREPARAZIONE 139

Pollo a cottura lenta di Lilly con salsa al formaggio 140

INGREDIENTI 140

PREPARAZIONE 140

Petto di pollo messicano 141

INGREDIENTI 141

Contorni selezionabili 141

PREPARAZIONE 142

Pollo ai porri di Paul 143

INGREDIENTI 143

PREPARAZIONE 143

Salsa barbecue 144

PREPARAZIONE 144

Pollo allo sherry e gnocchi 146

INGREDIENTI 146

PREPARAZIONE 147

Pollo alla griglia facile da cuocere a fuoco lento 148

INGREDIENTI 148

PREPARAZIONE 148

Pollo Digione a cottura lenta 149

INGREDIENTI 149

PREPARAZIONE 149

Pollo al barbecue a cottura lenta 150

INGREDIENTI 150

PREPARAZIONE 150

Cosce di pollo grigliate nella pentola a cottura lenta 151

INGREDIENTI 151

PREPARAZIONE 151

Salsa per pasta con salsiccia di pollo a cottura lenta 153

INGREDIENTI 153

PREPARAZIONE 153

Pollo al curry a cottura lenta 155

INGREDIENTI 155

PREPARAZIONE 155

Pollo al curry con riso cotto lentamente 156

INGREDIENTI 156

PREPARAZIONE 156

Enchiladas di pollo a cottura lenta 158

INGREDIENTI 158

PREPARAZIONE 159

Fricassea di pollo a cottura lenta con verdure 160

INGREDIENTI 160

PREPARAZIONE 161

Pollo arrosto in una pentola a cottura lenta con salsa piccante 162

INGREDIENTI 162

PREPARAZIONE 162

Pollo Madras a cottura lenta con curry in polvere 163

INGREDIENTI 163

PREPARAZIONE 163

Pollo con funghi a cottura lenta 164

INGREDIENTI 164

PREPARAZIONE 164

Cordon bleu. cottura lenta 166

INGREDIENTI 166

PREPARAZIONE 166

Pollo Digione in una pentola a cottura lenta 168

INGREDIENTI 168

PREPARAZIONE 168

Pollo al limone a cottura lenta 170

INGREDIENTI 170

PREPARAZIONE 171

Pollo stirato a cottura lenta 172

INGREDIENTI 172

PREPARAZIONE 173

Salsiccia affumicata e cavolo 174

INGREDIENTI 174

PREPARAZIONE 175

Pollo spagnolo con riso 176

INGREDIENTI 176

PREPARAZIONE 176

Cosce di pollo alla griglia Tami 177

INGREDIENTI 177

PREPARAZIONE 177

Mozzarella di pollo Crockpot di Tami 178

INGREDIENTI 178

PREPARAZIONE 178

Chili di pollo bianco 179

INGREDIENTI 179

PREPARAZIONE 179

Pollo e fagioli neri a cottura lenta 180

INGREDIENTI 180

PREPARAZIONE 181

Pollo e spezie, cottura lenta 182

INGREDIENTI 182

PREPARAZIONE 182

Pollo e funghi, cottura lenta 183

INGREDIENTI 183

PREPARAZIONE 183

Pollo e riso alla parmigiana, cottura lenta 185

INGREDIENTI 185

PREPARAZIONE 185

Pollo e gamberi 186

INGREDIENTI 186

PREPARAZIONE 186

Ricetta pollo e ripieno 188

INGREDIENTI 188

PREPARAZIONE 189

Petto di pollo in salsa creola-creola 190

INGREDIENTI 190

PREPARAZIONE 190

Pollo al peperoncino con hominy 192

INGREDIENTI 192

PREPARAZIONE 192

Gioia di pollo 193

INGREDIENTI 193

PREPARAZIONE 194

Enchiladas di pollo a cottura lenta 195

INGREDIENTI 195

PREPARAZIONE 195

Pollo alla Las Vegas 196

INGREDIENTI 196

PREPARAZIONE 196

Pollo Parigi per la cottura lenta 197

INGREDIENTI 197

PREPARAZIONE 197

Casseruola di pollo Reuben, pentola a cottura lenta 198

INGREDIENTI 198

PREPARAZIONE 198

Pollo ai mirtilli 199

INGREDIENTI 199

PREPARAZIONE 199

Pollo con salsa e sugo, cottura lenta 200

INGREDIENTI 200

PREPARAZIONE 201

Pollo con pasta e formaggio Gouda affumicato 202

INGREDIENTI 202

PREPARAZIONE 202

Pollo con cipolle e funghi, cottura lenta 204

INGREDIENTI 204

PREPARAZIONE 204

Pollo all'ananas 205

INGREDIENTI 205

PREPARAZIONE 206

Capitan Country Pollo 207

INGREDIENTI 207

PREPARAZIONE 208

Pollo e funghi di campagna 209

INGREDIENTI 209

PREPARAZIONE 209

P 210

Ollo ai mirtilli 211

INGREDIENTI 211

PREPARAZIONE 212

Pollo italiano cremoso 213

INGREDIENTI 213

PREPARAZIONE 213

Lasagne al pollo 214

INGREDIENTI 214

PREPARAZIONE 214

Casseruola di pollo Ruben Crockpot 216

INGREDIENTI 216

PREPARAZIONE 216

Pollo Crockpot Forte 217

INGREDIENTI 217

PREPARAZIONE 217

Pollo in casseruola con carciofi 218

INGREDIENTI 218

PREPARAZIONE 219

Pollo con pasta, cottura lenta

INGREDIENTI

- 2 cucchiaini di brodo di pollo in forma granulare o basica
- 1 cucchiaio di prezzemolo fresco tritato
- 3/4 cucchiaino di condimento per pollame
- 1/3 di tazza. pancetta canadese a dadini o prosciutto affumicato
- 2 o 3 carote, affettate sottilmente
- 2 gambi di sedano, affettati sottili
- 1 cipolla piccola, affettata sottilmente
- 1/4 di tazza. Acqua
- 1 pollo alla griglia (circa 3 libbre), tagliato a pezzi
- 1 lattina (10 3/4 once) di zuppa di formaggio cheddar condensato
- 1 cucchiaio di farina 00
- 1 pasta all'uovo confit (16 once), cotta e scolata
- 2 cucchiai di pimento tritato finemente
- 2 cucchiai di parmigiano grattugiato

PREPARAZIONE

1. In una piccola ciotola mescolare il brodo o il brodo di pollo, il prezzemolo tritato e il condimento per il pollame; mettilo da parte.

2. Disporre la pancetta o il prosciutto canadese, la carota, il sedano e la cipolla in una pentola a cottura lenta. Aggiungere acqua.

3. Rimuovere la pelle e il grasso in eccesso dal pollo; sciacquare e asciugare. Metti metà del pollo nella pentola a cottura lenta. Cospargere con metà del mix di spezie messo da parte. Metti sopra il pollo rimanente e cospargilo con la miscela di spezie rimanente.

4. Mescolare la zuppa e la farina e versarla sul pollo; non confonderlo.

5. Coprire e cuocere a fuoco ALTO per 3-3 ore e mezza, o a BASSO per 6-8 ore, o fino a quando il pollo è tenero e i succhi diventano trasparenti quando tagliati lungo l'osso e le verdure sono tenere.

6. Trasferisci la pasta cotta calda in una piccola ciotola da 2-2 1/2 litro. Metti il pollo sopra l'impasto. Mescolare il composto della zuppa e le verdure nella pentola finché non saranno ben amalgamati. Aggiungere le verdure e un po' di liquido al pollo. Cospargere con pimento tritato e parmigiano.

7. Cuocere in forno a 4-6 pollici dal fuoco per 5-8 minuti o fino a quando leggermente dorato.

8. Guarnire con un rametto di prezzemolo se lo si desidera.

9. La ricetta del gallo cedrone è al punto 4

Pollo con cipolle

INGREDIENTI

- 4 cipolle rosse grandi, affettate sottilmente
- 5 spicchi d'aglio, tritati
- 1/4 tazza di succo di limone
- 1 cucchiaino di sale
- 1/4 cucchiaino di pepe di cayenna (o più se necessario)
- 4-6 petti di pollo disossati congelati, non è necessario scongelarli
- riso bollito caldo

PREPARAZIONE

1. Aggiungi tutti gli ingredienti tranne il riso nella pentola. Mescolare bene. Cuocere a fuoco basso per 4-6 ore o fino a quando il pollo sarà tenero e ancora tenero.

2. Servire con riso.

Gnocchi di pollo al prezzemolo

INGREDIENTI

- 4-6 filetti di petto di pollo senza pelle
- 1 pizzico di sale, pepe, foglie di timo essiccate, maggiorana macinata e paprika
- 1 cipolla grande, affettata e divisa
- 2 porri, affettati
- 4 carote, tagliate a pezzi grandi
- 1 spicchio d'aglio, tritato
- 1 tazza di brodo di pollo
- 1 cucchiaio di amido di mais
- 1 lattina (10 3/4 once) di brodo di pollo condensato
- 1/2 bicchiere di vino bianco secco
- Ravioli
- 1 tazza di Bisquick
- 8 cucchiai di latte
- 1 cucchiaino di scaglie di prezzemolo essiccato
- un pizzico di sale
- Chili

- pizzico di paprika

PREPARAZIONE

1. Cospargere il pollo con sale, pepe, timo, maggiorana e paprika. Disporre sul fondo del piatto la metà delle fette di cipolla, porro e carota. Disporre il pollo sopra le verdure. Cospargere l'aglio tritato sul pollo, quindi aggiungere le restanti fette di cipolla. Sciogliere 1 cucchiaio di amido di mais in 1 tazza di brodo di pollo, quindi mescolare con brodo di pollo e vino. Cuocere su ALTO per circa 3 ore, o su BASSO per circa 6 ore (se si cucina su BASSO quando si aggiungono gli gnocchi, impostare su ALTO).

2. Il pollo deve essere morbido, ma non asciutto.

3. **Gnocchi:** Unisci 1 tazza di cracker, circa 8 cucchiai di latte, prezzemolo, sale, pepe e paprika; Formate delle palline e aggiungetele al composto di pollo negli ultimi 35-45 minuti di cottura.

4. Per 4-6 persone.

Pollo con cipolline e funghi

INGREDIENTI

- 4-6 petti di pollo disossati, tagliati in pezzi da 1 pollice

- 1 lattina (10 3/4 once) di crema di pollo o zuppa di pollo e funghi

- 8 once di funghi a fette

- 1 busta (16 once) di scalogno congelato

- Sale e pepe a piacere

- Prezzemolo tritato per la decorazione

PREPARAZIONE

1. Lavare e asciugare il pollo. Tagliare a pezzi da 1/2 pollice e metterli in una grande ciotola. Aggiungi brodo, funghi e cipolle; Mescolalo. Spruzzare l'inserto della pentola a cottura lenta con spray da cucina.

2. Aggiungi il composto di pollo nella pentola e cospargilo di sale e pepe.

3. Coprire e cuocere a fuoco BASSO per 6-8 ore, mescolando a metà se possibile.

4. Guarnire con prezzemolo fresco tritato e servire con riso o patate bolliti caldi.

5. Per 4-6 persone.

Pollo all'ananas

INGREDIENTI

- Bocconcini di pollo da 1 a 1 1/2 libbre, tagliati in pezzi da 1 pollice

- 2/3 tazza di marmellata di ananas

- 1 cucchiaio più 1 cucchiaino di salsa teriyaki

- 2 spicchi d'aglio affettati sottili

- 1 cucchiaio di cipolla secca tritata (o 1 mazzetto di scalogno fresco tritato)

- 1 cucchiaio di succo di limone

- 1/2 cucchiaino di zenzero macinato

- un pizzico di pepe di cayenna a piacere

- 1 confezione (10 once) di piselli canditi, scongelati

PREPARAZIONE

1. Metti i pezzi di pollo nella pentola a cottura lenta.

2. Mescolare marmellate, salsa teriyaki, aglio, cipolla, succo di limone, zenzero e pepe di pepe di Cayenna; mescolare bene. Versare sopra il pollo e mescolare fino a ricoprirlo.

3. Coprire e cuocere a bassa temperatura per 6-7 ore. Aggiungere i piselli negli ultimi 30 minuti.

4. Per 4 persone.

Pollo e riso in casseruola

INGREDIENTI

- 4-6 petti di pollo grandi, disossati e senza pelle
- 1 lattina di zuppa di pollo
- 1 confezione di crema di sedano
- 1 lattina di zuppa di funghi
- 1/2 tazza di sedano a dadini
- Da 1 a 1 tazza e 1/2 di riso modificato

PREPARAZIONE

1. Unisci 3 lattine di zuppa e riso in una pentola a cottura lenta. Disporre il pollo sopra il composto, quindi aggiungere il sedano a dadini. Cuocere a fuoco alto per 3 ore o a fuoco basso per circa 6-7 ore.

2. 4-6 porzioni.

Pollo al peperoncino

INGREDIENTI

- 6 metà di petto di pollo disossate, tagliate in pezzi da 1 pollice
- 1 tazza di cipolla tritata
- 1 tazza di peperone tritato
- 2 spicchi d'aglio
- 2 cucchiai. olio vegetale
- 2 lattine di pomodori in umido messicani (circa 15 once ciascuno)
- 1 lattina di fagioli al peperoncino
- 2/3 tazza di salsa piccante
- 1 cucchiaino. Polvere di peperoncino
- 1 cucchiaino. cumino
- 1/2 cucchiaino. Sale

PREPARAZIONE

1.

Friggere il petto di pollo, la cipolla, la paprika e l'aglio in olio vegetale finché le verdure non saranno dorate. Aggiungi alla pentola a cottura lenta; Aggiungere il resto degli ingredienti. Coprire e cuocere a fuoco BASSO per 4-6 ore. Servire con riso.

2. Per 4-6 persone.

Pollo e verdure alla cinese

INGREDIENTI

- Petto di pollo da 1 a 1 1/2 libbre, disossato

- 2 tazze di cavolo tritato grossolanamente

- 1 cipolla media, tagliata a pezzi grandi

- 1 peperone rosso medio, tagliato a pezzi grandi

- 1 confezione di salsa per insalata di pollo Kikkoman

- 1 cucchiaio di aceto di vino rosso

- 2 cucchiaini di miele

- 1 cucchiaio di salsa di soia

- 1 tazza di verdure miste orientali surgelate

- 2 cucchiai di amido di mais

- 1 cucchiaio di acqua fredda

PREPARAZIONE

1. Taglia il pollo in pezzi da 1 1/2 pollice. Aggiungi i primi 8 ingredienti alla pentola a cottura lenta; mescolare bene. Coprire e cuocere a fuoco basso per 5-7 ore. Mescolare amido di mais e acqua fredda; Aggiungetelo alle verdure e fate cuocere per altri 30-45 minuti finché le verdure saranno tenere.

2. Per 4-6 persone.

Gallina selvatica della Cornovaglia con riso

INGREDIENTI

- 2 galline selvatiche della Cornovaglia
- 1/2 tazza di brodo di pollo
- Sale e pepe al limone a piacere
- riso bollito caldo

PREPARAZIONE

1. Metti le galline della Cornovaglia nella pentola a cottura lenta (se lo desideri, rosola prima le galline in una padella leggermente oliata). Aggiungi il brodo di pollo. Cospargere il pollo con sale e pepe al limone. Cuocere a BASSA per 7-9 ore. Rimuovere il pollo e scolare il grasso; Addensare i succhi con una miscela di 1 cucchiaio e 1/2 di amido di mais e 1 cucchiaio di acqua fredda. Servire con riso bollito caldo. Serve 2.

Pollo della Cornovaglia con salsa all'uvetta

INGREDIENTI

- 1 confezione (6 once) di ripieno, preparato come indicato
- 4 galline della Cornovaglia
- Sale pepe
- .
- Salsa all'uvetta
- 1 vasetto (10 once) di gelatina di ribes
- 1/2 tazza di uvetta
- 1/4 tazza di burro
- 1 cucchiaio di succo di limone
- 1/4 cucchiaino di pimento

PREPARAZIONE

1. Farcire il pollo con il ripieno preparato; Aggiungi sale e pepe. Metti un pizzico o un pezzo di foglio di alluminio accartocciato nella pentola a cottura

lenta per evitare che i polli rimangano immersi nei succhi. Se usi una pentola di terracotta stretta e profonda, posiziona la gallina della Cornovaglia con il collo rivolto verso il basso. Unisci la gelatina, l'uvetta, il burro, il succo di limone e il pimento in una casseruola da 1 litro. Cuocere mescolando e cuocere a fuoco lento. Versare la salsa sul pollo nella pentola.

2. Conservare la salsa rimanente in frigorifero fino al momento di servire. Coprire e cuocere a fuoco BASSO per 5-7 ore, quindi ca. lasciarlo in ammollo una volta per un'ora. Lessare la salsa rimanente e versarla sul pollo poco prima di servire.

3.4.

Petto di pollo Capitan Country

INGREDIENTI

- 2 mele Granny Smith medie, senza torsolo e tagliate a dadini (con la buccia)

- 1/4 tazza di cipolla tritata

- 1 peperone verde piccolo, senza semi e tritato

- 3 spicchi d'aglio, tritati

- 2 cucchiai di uva passa o ribes

- 2 o 3 cucchiaini di curry in polvere

- 1 cucchiaino di zenzero macinato

- 1/4 cucchiaino di pepe rosso macinato oa piacere

- 1 lattina (circa 14 1/2 once) di pomodori a cubetti

- 6 metà di petto di pollo disossate e senza pelle

- 1/2 tazza di brodo di pollo

- 1 tazza di riso bianco convertito in riso a grani lunghi

- 1 libbra di gamberetti medi o grandi, sgusciati e privati della carne, crudi, facoltativi

- 1/3 tazza di mandorle a scaglie

- sale kosher

- Prezzemolo tritato

PREPARAZIONE

1. Unisci mela a dadini, cipolla, peperone, aglio, uvetta o ribes dorato, curry in polvere, zenzero e peperoncino macinato in una pentola a cottura lenta da 4 a 6 litri; Incorporate i pomodori.

2. Disporre il pollo sopra il composto di pomodoro, coprendo leggermente i pezzi. Versare il brodo di pollo sulle metà del petto di pollo. Coprire e cuocere a temperatura BASSA finché il pollo non sarà molto tenero quando viene forato con una forchetta, circa 4-6 ore.

3. Metti il pollo sulla teglia, copri leggermente e mantienilo caldo nel forno a 400 ° F o più.

4. Mescolare il riso nel liquido di cottura. Aumentare la temperatura al massimo; coprire e cuocere, mescolando una o due volte, fino a quando il riso sarà quasi tenero, circa 35 minuti. Incorporare i gamberetti, se utilizzati; Coprire e cuocere per altri 15 minuti finché il centro dei gamberi non sarà opaco. assegno ritagliato.

5. Nel frattempo, friggi le mandorle in una piccola padella antiaderente a fuoco medio fino a doratura, mescolando di tanto in tanto. Mi hai messo da parte.

6. Al momento di servire, condire il composto di riso con sale. Disporre in una ciotola calda; Metti il pollo sopra. Cospargere con prezzemolo e mandorle.

Pollo e funghi di campagna

INGREDIENTI

- 1 bottiglia di condimento rustico
- 4-6 petti di pollo
- 8 once di funghi a fette
- Sale e pepe a piacere

PREPARAZIONE

1. Mescolare tutti gli ingredienti; Coprire e cuocere a fuoco lento per 6-7 ore. Servire con riso o pasta.

2. Per 4-6 persone.

Pollo Country Club Club

INGREDIENTI

- 5 mele, sbucciate, senza torsolo e tritate

- 6-8 cipollotti, compresa la parte verde, affettati

- 1 libbra di cosce di pollo, disossate, con la pelle, rifilate il grasso, tagliate a cubetti da 2 pollici

- Da 6 a 8 once di formaggio svizzero a fette

- 1 lattina (10 1/2 once) di crema di zuppa di pollo, ben miscelata con 1/4 di tazza di latte

- 1 lattina (6 once) di ripieno di mele e uvetta Pepperidge Farm oppure usa il tuo mix di ripieno preferito

- 1/4 tazza di burro fuso

- 3/4 tazza di succo di mela

PREPARAZIONE

1. Aggiungi gli ingredienti a una pentola a cottura lenta da 3 1/2-5 quart nell'ordine sopra. Versare il composto della zuppa sullo strato di formaggio, il burro sul ripieno e infine irrorare con il succo di mela. Assicuratevi che il liquido inumidisca tutto il pane.

2. Coprire e cuocere a fuoco ALTO per 1 ora, a BASSO per altre 4-5 ore.

3. Nota di Rose-Mary:

4. Noi non lo mangiamo con niente, ma visto che fa una salsa meravigliosa e il ripieno scompare dal piatto, consiglio di servirlo con riso integrale.

Pollo ai mirtilli

INGREDIENTI

- 4-6 filetti di petto di pollo disossati e senza pelle

- 1 lattina di salsa di mirtilli rossi interi

- 2/3 tazza di salsa al peperoncino

- 2 cucchiai di aceto di mele

- 2 cucchiai di zucchero di canna

- 1 confezione di zuppa di cipolle dorate (Lipton)

PREPARAZIONE

1. Metti i petti di pollo nella pentola a cottura lenta. Mescolare gli ingredienti rimanenti; Mettilo nella pentola a cottura lenta e copri bene il pollo. Coprire e cuocere a fuoco lento per 6-8 ore.

2. Per 4-6 persone.

Pollo ai mirtilli II

INGREDIENTI

- 2 chili di petti di pollo disossati e senza pelle
- 1/2 tazza di cipolla tritata
- 2 cucchiaini di olio vegetale
- 2 cucchiaini di sale
- 1/2 cucchiaino di cannella in polvere
- 1/4 cucchiaino di zenzero macinato
- 1/8 cucchiaino di noce moscata macinata
- pimento macinato finemente
- 1 bicchiere di succo d'arancia
- 2 cucchiaini di scorza d'arancia grattugiata finemente
- 2 tazze di mirtilli freschi o congelati
- 1/4 tazza di zucchero di canna

PREPARAZIONE

1. Fate soffriggere nell'olio i pezzi di pollo e la cipolla; cospargere di sale.

2. Aggiungi il pollo fritto, la cipolla e gli altri ingredienti nella pentola.

3. Coprire e cuocere a fuoco BASSO per 5 1/2-7 ore.

4. Se necessario, a fine cottura, addensare la salsa con un composto composto da circa 2 cucchiai di amido di mais e 2 cucchiai di acqua fredda.

Pollo con crema di formaggio

INGREDIENTI

- Pezzi di pollo da 3 a 3 1/2 libbre
- 2 cucchiai di burro fuso
- Sale e pepe a piacere
- 2 cucchiai di condimento per insalata italiana secca
- 1 lattina (10 3/4 once) di zuppa di funghi
- 8 once di crema di formaggio, tagliata a dadini
- 1/2 bicchiere di vino bianco secco
- 1 cucchiaio di cipolla tritata

PREPARAZIONE

1. Spennellate il pollo con il burro e cospargetelo di sale e pepe. Mettere in una pentola a cottura lenta e cospargere il tutto con spezie secche.

2. Coprire e cuocere a fuoco lento per 6-7 ore fino a quando il pollo sarà tenero e cotto.

3. Circa 45 minuti prima della fine, unire la zuppa, la crema di formaggio, il vino e la cipolla in un pentolino. Cuocere fino a quando non sarà schiumoso e liscio.

4. Versare sul pollo, coprire e cuocere per altri 30-45 minuti.

5. Servire il pollo con la salsa.

6. Per 4-6 persone.

Pollo cremoso e carciofi

INGREDIENTI

- 2-3 tazze di pollo cotto a dadini
- 2 tazze di quarti di carciofo surgelati o 1 lattina (circa 15 once), sgocciolati
- 2 once di peperoncini tritati, scolati
- 1 vasetto (16 once) di salsa Alfredo
- 1 cucchiaino di brodo di pollo o brodo
- 1/2 cucchiaino di basilico essiccato
- 1/2 cucchiaino di spicchi d'aglio o polvere
- 1 cucchiaino di prezzemolo secco, facoltativo
- Sale e pepe a piacere
- 8 once di spaghetti, cotti e scolati, facoltativi

PREPARAZIONE

1. Io cucino circa mezzo chilo di pollo in acqua con limone e aglio, ma puoi usare anche petto di pollo bollito o petto di pollo avanzato. Metti tutti gli ingredienti in una ciotola; Coprire e cuocere a fuoco lento per 4-6 ore. Mescolare nella pasta cotta calda o utilizzare come salsa per riso o pasta. Questa ricetta di pollo e carciofi a cottura lenta serve 4-6 persone.

Pollo italiano cremoso

INGREDIENTI

- 4 metà di petto di pollo disossate e senza pelle

- 1 busta di condimento per insalata italiano

- 1/3 di tazza d'acqua

- 1 confezione (8 once) di crema di formaggio, ammorbidita

- 1 lattina (10 3/4 once) di crema condensata di brodo di pollo, non diluita

- 1 lattina (4 once) di gambi e pezzi di funghi, sgocciolati

- Riso o pasta cotti caldi

PREPARAZIONE

1. Metti le metà del petto di pollo nella pentola a cottura lenta. Unisci il condimento per l'insalata e l'acqua; versare sopra il pollo. Coprire e cuocere a fuoco BASSO per 3 ore. In una piccola ciotola, mescolare insieme la crema di formaggio e la zuppa fino a quando non saranno ben amalgamati. Aggiungere i funghi. Versare il composto di crema di formaggio sul pollo. Cuocere per altre 1-3 ore o fino a quando i succhi del pollo saranno spariti. Servire il pollo italiano con riso o pasta cotta calda.

2. Parte 4.

Pollo alla creola

INGREDIENTI

- 1 pollo allo spiedo tagliato a pezzi, ca. 3 chili di pezzi di pollo

- 1 peperone verde tagliato a pezzetti

- 6 cipollotti, circa 1 mazzo, tritati

- 1 lattina (14,5 once) di pomodori, non scolati, tagliati a cubetti

- 1 lattina (6 once) di concentrato di pomodoro

- 4 etti di prosciutto cotto a dadini

- 1 cucchiaino di sale

- qualche goccia di salsa al peperoncino dalla bottiglia, ad es. B. Tabasco

- Salsiccia affumicata a fette da 1/2 libbra, andouille, kielbasa, ecc.

- 3 tazze di riso cotto

PREPARAZIONE

1. Unisci pollo, peperoni, cipolle, pomodori, concentrato di pomodoro, prosciutto, sale e pepe in una pentola a cottura lenta.

2. Coprire e cuocere a fuoco basso per 6 ore. Ruota la manopola e aggiungi la salsiccia e il riso cotto. Mettete il coperchio e fate cuocere per altri 20 minuti alla massima potenza.

Pollo creolo con salsiccia

INGREDIENTI

- 1 1/2 libbra di cosce di pollo disossate, tagliate a pezzi

- 12 once di salsiccia andouille affumicata, tagliata in pezzi da 1 a 2 pollici

- 1 tazza di cipolla tritata

- 3/4 tazza di brodo di pollo o acqua

- 1 lattina (14,5 once) di pomodori a cubetti

- 1 lattina (6 once) di concentrato di pomodoro

- 2 cucchiaini di salsa cajun o creola

- un pizzico di pepe di cayenna a piacere

- 1 peperone verde tagliato a pezzetti

- Sale e pepe a piacere

- riso bianco o integrale cotto a caldo oppure spaghetti cotti e scolati

PREPARAZIONE

1. Unisci i pezzi di coscia di pollo, i pezzi di salsiccia andouille, la cipolla tritata, il brodo o l'acqua, i pomodori (con il loro succo), il concentrato di pomodoro, il condimento creolo e il pepe di cayenna in una pentola a cottura lenta.

2. Coprire e cuocere il composto di salsiccia di pollo a fuoco basso per 6-7 ore. Circa un'ora prima della cottura aggiungere il peperone verde tritato. Assaggia e aggiungi sale e pepe secondo necessità.

3. Servi questo delizioso piatto di pollo e salsiccia con riso cotto caldo o con spaghetti o pasta con capelli d'angelo.

4. Per 6 persone.

Pollo e carciofi in pentola di coccio

INGREDIENTI

- 3 libbre di pezzi di pollo, affettati, sminuzzati
- Sale qb
- 1/2 cucchiaino di pepe
- 1/2 cucchiaino di paprika
- 1 cucchiaio di burro
- 2 bottiglie di carciofi sott'aceto, cuori; riserva in salamoia
- 1 lattina (4 once) di funghi, scolati
- 2 cucchiai di tapioca istantanea
- 1/2 tazza di brodo di pollo
- 3 cucchiai di sherry secco o altro brodo di pollo
- 1/2 cucchiaino di dragoncello essiccato

PREPARAZIONE

1. Lavare e asciugare il pollo. Condire il pollo con sale, pepe e paprika. In una padella capiente a fuoco medio-alto, cuocere il pollo nella marinata di burro e carciofi.

2. Metti i funghi e i cuori di carciofi sul fondo della pentola a cottura lenta. Cospargere con tapioca. Aggiungere i pezzi di pollo fritto. Aggiungere il brodo di pollo e lo sherry. Aggiungi il dragoncello. Coprire e cuocere a fuoco BASSO per 7-8 ore o a ALTO per 3 1/2-4 1/2 ore.

3. Parte 4.

Pollo in padella e spezie

INGREDIENTI

- Metà di 4 petti di pollo disossati e senza pelle

- Sale e pepe nero appena macinato a piacere

- 4 fette di formaggio svizzero

- 1 lattina (10 3/4 once) di brodo di pollo condensato

- 1 lattina (10 3/4 once) di zuppa concentrata di funghi o crema di sedano

- 1 tazza di brodo di pollo

- 1/4 tazza di latte

- 3 tazze di salsa streusel alle erbe

- 1/2 tazza di burro fuso

PREPARAZIONE

1. Condisci i petti di pollo con sale e pepe e mettili nella pentola a cottura lenta. Versare il brodo di pollo sui petti di pollo. Metti una fetta di formaggio svizzero su ogni petto.

2. Mescolare la zuppa e il latte in una ciotola. mescolare bene. Versare il composto della zuppa sul pollo. Cospargere il tutto con il composto di farcitura. Versare il burro fuso sullo strato di ripieno.

3. Mettete il coperchio e fate cuocere a fuoco basso per 5-7 ore.

4. Nota: Il petto di pollo è molto magro e se cotto troppo a lungo secca.

5. A seconda della pentola a cottura lenta, il pollo può essere cotto alla perfezione in un massimo di 4 ore. Per un tempo di cottura più lungo, prova una ricetta per la coscia di pollo disossata.

Mi mancano anche le enchiladas di pollo in pentole di terracotta

INGREDIENTI

- 9 tortillas di mais, 6 pollici

- 1 lattina (12-16 once) di chicchi di mais interi, sgocciolati

- 2-3 tazze di pollo cotto a dadini

- 1 cucchiaino di peperoncino in polvere

- 1/4 cucchiaino di pepe nero macinato

- 1/2 cucchiaino di sale o a piacere

- 1 lattina (4 once) di peperoncini verdi tritati

- 2 tazze di formaggio misto messicano grattugiato o formaggio cheddar delicato

- 2 lattine (10 once ciascuna) di salsa enchilada

- 1 lattina (15 once) di fagioli neri, sciacquati e scolati

- Guacamole e panna acida

PREPARAZIONE

1. Spruzzare la pentola a cottura lenta con spray da cucina antiaderente.

2. Metti 3 tortillas sul fondo della pentola a cottura lenta.

3. Metti il mais, metà del pollo, circa metà del ripieno e metà del peperoncino sulla tortilla.

4. Cospargere con metà del formaggio grattugiato e versarvi sopra circa 3/4 di tazza di salsa enchilada.

5. Ripeti con altre 3 tortillas, fagioli neri, pollo rimanente, condimenti, peperoncino e formaggio.

1. Guarnire con le restanti tortillas e la salsa enchilada.

2. Coprire e cuocere a fuoco BASSO per 5-6 ore.

3. Servire con guacamole e panna acida.

4. Per 6-8 persone.

Mi mancano anche le enchiladas di pollo in una ciotola

INGREDIENTI

- 1 lattina grande (19 once) di salsa enchilada
- 6 metà di petto di pollo disossate
- 2 barattoli di crema di brodo di pollo
- 1 confezione piccola di olive nere a fette
- 1/2 tazza di cipolla tritata
- 1 lattina (4 once) di peperoncini dolci tritati
- 16-20 tortillas di mais
- 16 once di formaggio cheddar piccante grattugiato

PREPARAZIONE

1. Cuocere e tritare il pollo. Mescolare la zuppa, le olive, il peperoncino e la cipolla. Tagliare le tortillas a fette. Metti a strati la pentola di coccio con salsa, tortillas, zuppa, pollo e formaggio, quindi guarnisci con il formaggio. Coprire e cuocere a fuoco BASSO per 5-7 ore.

2. Per 8-10 persone

Pollo in una tortilla pot

INGREDIENTI

- 4 tazze di pollo cotto tritato o in bocconcini
- 1 lattina di zuppa di pollo
- 1/2 sec di salsa di peperoncino verde
- 2 cucchiai. tapioca a cottura rapida
- 1 cipolla rossa media, tritata
- 1 1/2 secondo di formaggio grattugiato
- 12-15 tortillas di mais
- Olive nere
- 1 pomodoro, tritato
- 2 cucchiai di cipolla verde tritata
- Crema per decorazione

PREPARAZIONE

1. Mescolare il pollo con zuppa, salsa di peperoncino e tapioca. Fodera il fondo della pentola di terracotta con 3 tortillas di mais tagliate a pezzetti. Aggiungere 1/3 del composto di pollo. Cospargere con 1/3 di cipolla e 1/3 di formaggio grattugiato. Ripeti gli strati di tortilla con il composto di pollo,

cipolla e formaggio. Coprite e fate cuocere a fuoco basso per 6-8 ore, oppure a fuoco alto per 3 ore. Guarnire con olive nere a fette, pomodori a pezzetti, cipolle verdi e, se lo si desidera, panna acida.

Crockpot cassoulet

INGREDIENTI

- 1 libbra di fagioli secchi in salamoia, sciacquati

- 4 tazze d'acqua

- 4 metà di petto di pollo disossate e senza pelle, tagliate in pezzi da 1 pollice

- 8 once di prosciutto cotto, tagliato a pezzi da 1 pollice

- 3 carote grandi, affettate sottilmente

- 1 tazza di cipolla tritata

- 1/2 tazza di sedano tritato

- 1/4 tazza di zucchero di canna ben confezionato

- 1/2 cucchiaino di sale

- 1/4 cucchiaino di senape secca

- 1/4 cucchiaino di pepe

- 1 lattina (8 once) di salsa di pomodoro

- 2 cucchiai di melassa

PREPARAZIONE

2. Immergere i fagioli durante la notte in 4 tazze d'acqua in un forno olandese o in un grande bollitore.

3. Coprire e cuocere a vapore i fagioli fino a quando diventano morbidi per circa 1 ora e 1/2, se necessario aggiungere un po' più d'acqua.

4. Aggiungi i fagioli e il liquido nella pentola. Aggiungere il resto degli ingredienti; mescolare bene.

5. Coprire e cuocere a fuoco basso per 7-9 ore finché le verdure non saranno morbide.

6. Per 6-8 persone.

Gnocchi di pollo ed erbe aromatiche

INGREDIENTI

- 1,3 kg di pezzi di pollo senza pelle
- Sale pepe
- 1/4 tazza di cipolla tritata
- 10 cipolle bianche piccole
- 2 spicchi d'aglio, tritati
- 1/4 cucchiaino di maggiorana macinata
- 1/2 cucchiaino di foglie di timo essiccate e tritate
- 1 foglia di alloro
- 1/2 bicchiere di vino bianco secco
- Crema dolce ottenuta da 1 tazza di latte
- 1 tazza di preparato per torta
- 1 cucchiaio di prezzemolo tritato
- 6 cucchiai di latte

PREPARAZIONE

1. Cospargere il pollo con sale e pepe e metterlo nella pentola o nella pentola a cottura lenta. Aggiungi tutte le cipolle nella pentola. Aggiungere l'aglio, la maggiorana, il timo, l'alloro e il vino. Coprire e cuocere a fuoco lento per 5-6 ore. Rimuovere la foglia di alloro. Completare con panna acida. Aumentare la fiamma al massimo e aggiungere il composto di cracker e prezzemolo. Mescolare il latte nel composto della torta finché non sarà ben inumidito. Lascia cadere gli gnocchi dal cucchiaio sul bordo della ciotola. Coprite e fate cuocere per altri 30 minuti fino a quando gli gnocchi saranno cotti.

Pollo grigliato

INGREDIENTI

- 2 filetti di petto di pollo disossati e senza pelle
- 1 tazza e 1/2 di ketchup
- 3 cucchiai di zucchero di canna
- 1 cucchiaio di salsa Worcestershire
- 1 cucchiaio di salsa di soia
- 1 cucchiaio di aceto di mele
- 1 cucchiaino di peperoncino in scaglie, macinato oa piacere
- 1/2 cucchiaino di aglio in polvere

PREPARAZIONE

1. Mescola tutti gli ingredienti per la salsa in una pentola a cottura lenta. Aggiungi il pollo; Girare e ricoprire bene con la salsa.

2. Cuocere alla massima potenza per 3-4 ore o fino a quando il pollo sarà completamente cotto. Tritare o sminuzzare il pollo e aggiungerlo alla salsa nella pentola. Mescolare bene per ricoprire tutti i pezzi.

3. Puoi mantenere la pentola a cottura lenta a fuoco basso in modo che il pollo non si scaldi e venga servito su panini duri.

4. Delizioso!

Pollo grigliato

INGREDIENTI

- 1 fetta di pollo tagliata a pezzi o in quarti
- 1 lattina di passata di pomodoro concentrata
- 3/4 secondi di cipolla tritata
- 1/4 sec di aceto
- 3 cucchiai. zucchero di canna
- 1 cucchiaio. salsa Worcester
- 1/2 cucchiaino. Sale
- 1/4 cucchiaino. basilico
- un pizzico di timo

PREPARAZIONE

1. Metti il pollo nella pentola a cottura lenta. Mescolare gli altri ingredienti e versarli sul pollo. Coprire bene e cuocere a fuoco BASSO per 6-8 ore. Serve 4.

Pollo Crockpot Chili

INGREDIENTI

- 2 tazze di fave secche, ammollate per una notte

- 3 bicchieri di acqua bollente

- 1 tazza di cipolla tritata

- 2 spicchi d'aglio, tritati

- 2 o 3 lattine di peperoni jalapeño, tritati (in salamoia va bene)

- 1 cucchiaio di cumino macinato

- 1 cucchiaino di peperoncino in polvere

- Da 1 a 1 1/2 libbre di petto di pollo disossato, tagliato in pezzi da 1 pollice

- 2 zucchine o zucchine piccole, tagliate a dadini

- 1 lattina di mais intero (12-15 once), sgocciolato

- 1/2 tazza di panna acida

- 2 1/4 cucchiaini di sale

- 1 cucchiaio di succo di lime

- 1/4 tazza di coriandolo fresco tritato, più un piccolo contorno se lo si desidera

- 1 pomodoro, tagliato a pezzetti, tagliato a metà per decorazione o pomodorini cocktail

- Crema per decorazione

PREPARAZIONE

1. Unisci i fagioli e l'acqua bollente in una pentola a cottura lenta. Lasciate riposare mentre preparate gli altri ingredienti. Aggiungere nella pentola la cipolla tritata, l'aglio tritato, il peperoncino jalapeño, il cumino e il peperoncino in polvere. Metti il pollo sopra. Aggiungere nella pentola la zucca tagliata a dadini. Coprite e lasciate cuocere per 7-8 ore fino a quando i fagioli saranno morbidi. Mescolare il mais, la panna acida, il sale, il succo di lime e il coriandolo tritato. Versare nelle ciotole. Guarnire con un cucchiaio di panna acida, pomodori a pezzetti e coriandolo fresco tritato, se lo si desidera.

Chow Mein di pollo Crockpot

INGREDIENTI

- 1 1/2 libbra di petto di pollo disossato, tagliato in pezzi da 1 pollice
- 1 cucchiaio di olio vegetale
- 1 tazza e 1/2 di sedano tritato
- 1 tazza e 1/2 di carote grattugiate
- 6 cipollotti, tritati
- 1 tazza di brodo di pollo
- 1/3 tazza di salsa di soia
- 1/4 cucchiaino di pepe rosso macinato oa piacere
- 1/2 cucchiaino di zenzero macinato
- 1 spicchio d'aglio, tritato
- 1 lattina (circa 12-15 once) di germogli di soia, sgocciolati
- 1 lattina (8 once) di castagne d'acqua tritate, scolate
- 1/4 tazza di amido di mais
- 1/3 di tazza d'acqua

PREPARAZIONE

1. Friggere i pezzi di pollo in una padella larga. Aggiungi il pollo arrosto nella pentola a cottura lenta. Aggiungere il resto degli ingredienti tranne l'amido di mais e l'acqua. Scuotere. Coprire e cuocere a fuoco BASSO per 6-8 ore. Impostare la pentola a cottura lenta su ALTA. Unisci l'amido di mais e l'acqua in una piccola ciotola e mescola fino a quando non sarà sciolto e liscio. Incorporate i liquidi della pentola a cottura lenta. Tenere il coperchio leggermente aperto per consentire al vapore di fuoriuscire e cuocere fino a quando non si sarà addensato, circa 20-30 minuti.

2. Servire con riso o noodles chow mein. Può essere raddoppiato per 5 qt. Pentole/pentole a cottura lenta.

Cordon Bleu di pollo Crockpot

INGREDIENTI

- 4-6 petti di pollo (finemente sbattuti)

- 4-6 pezzi di prosciutto

- 4-6 fette di formaggio svizzero o mozzarella

- 1 lattina di zuppa di funghi (puoi usare qualsiasi zuppa cremosa)

- 1/4 tazza di latte

PREPARAZIONE

1. Aggiungi prosciutto e formaggio al pollo. Arrotolare e fermare con uno stuzzicadenti. Metti il pollo nella pentola a cottura lenta in modo che assomigli a un triangolo/_\Copri il resto. Mescolare la zuppa con il latte; versare sopra il pollo. Coprire e cuocere a fuoco lento fino a quando il pollo non sarà più rosa, 4 ore. Servire con il sugo preparato sopra la pasta.

2. Il commento di Teresa: Questa è di gran lunga la migliore ricetta che abbia mai provato, è deliziosa.

Crockpot Pollo Cordon Bleu II

INGREDIENTI

- 6 contorni di petto di pollo

- 6 fette di prosciutto

- 6 fette di formaggio svizzero

- 1/2 secondo di farina

- 1/2 sec di parmigiano

- 1/2 cucchiaino. Sale

- 1/4 cucchiaino. pepe

- 3 cucchiai di olio

- 1 lattina di zuppa di pollo

- 1/2 bicchiere di vino bianco secco

PREPARAZIONE

1. Metti entrambi i lati del petto di pollo nella pellicola trasparente e batti leggermente fino a ottenere uno spessore uniforme. Disporre su ogni petto di pollo una fetta di prosciutto e una fetta di formaggio svizzero; Arrotolate e fissate con uno stuzzicadenti o con spago da cucina. Mescolare in una ciotola la farina, il parmigiano, il sale e il pepe. Ricoprire il pollo con la miscela di farina di parmigiano; Conservare in frigorifero per 1 ora. Dopo che il pollo si sarà raffreddato, scaldare una padella con 3 cucchiai di olio. Friggere il pollo su tutti i lati.

2. Unisci il brodo di pollo e il vino in una casseruola. Aggiungere il pollo rosolato e cuocere a fuoco BASSO per 4 ore e 1/2 o 5 ore o a fuoco ALTO per circa 2 ore e 1/2. Mantecare la salsa con un composto di farina e acqua fredda (mescolare circa 2 cucchiai di farina con 2 cucchiai di acqua fredda). Cuocere per altri 20 minuti circa, finché il composto non si addensa.

3. Per 6 persone.

Cosce di pollo Crockpot

INGREDIENTI

-
12-16 cosce di pollo, senza pelle

-
1 tazza di sciroppo d'acero

-
1/2 tazza di salsa di soia

- 1 lattina (14 once) di salsa di mirtilli rossi
- 1 cucchiaino di senape di Digione
- 1 cucchiaio di amido di mais
- 1 cucchiaio di acqua fredda
- Cipolla verde tritata o coriandolo fresco tritato, facoltativo

PREPARAZIONE

1. Se vuoi la pelle sulle cosce, metti il pollo in una pentola capiente, copri con acqua e porta ad ebollizione a fuoco vivace. Lasciamo cuocere per circa 5 minuti. La cottura rimuove parte del grasso in eccesso dalla pelle.

2. Rimuovi il pollo, asciugalo e metti le cosce nella pentola a cottura lenta.

3. Mescolare lo sciroppo d'acero, la salsa di soia, la salsa di mirtilli rossi e la senape in una ciotola. Distribuire la parte superiore con le bacchette.

4. Coprire e cuocere a temperatura BASSA per 6-7 ore o a temperatura ALTA per circa 3 ore. Il pollo dovrà risultare molto tenero, ma non completamente friabile.

5. Metti le cosce di pollo su un piatto e mantienile al caldo.

6. Mescola l'amido di mais e l'acqua fredda in una tazza o una piccola ciotola. Mescolare fino a che liscio.

7. Accendi la pentola a cottura lenta e aggiungi la miscela di amido di mais. Cuocere finché non si sarà addensato, circa 10 minuti.

8. Oppure metti il liquido in una pentola e fallo bollire. Aggiungere l'amido di mais e cuocere, mescolando, per un minuto o due finché la salsa non si sarà addensata.

9. Servire con scalogno affettato o coriandolo tritato, se lo si desidera.

10. Variazioni

11. Utilizzare invece cosce o cosce di pollo con osso. Togliere la pelle prima della cottura.

12. Usa 6-8 cosce di pollo intere senza pelle al posto delle cosce.

Ricetta Fricassea Di Pollo Crockpot

INGREDIENTI

- 1 lattina di zuppa di pollo condensata, zuppa magra o salutare
- 1/4 di tazza d'acqua
- 1/2 tazza di cipolla tritata
- 1 cucchiaino di paprika macinata
- 1 cucchiaino di succo di limone
- 1 cucchiaino di rosmarino essiccato, tritato
- 1 cucchiaino di timo
- 1 cucchiaino di prezzemolo in scaglie
- 1 cucchiaino di sale
- 1/4 cucchiaino di pepe
- 4 metà di petto di pollo disossate e senza pelle
- Spray da cucina antiaderente
- Ravioli all'erba cipollina
- 3 cucchiai di grasso
- 1 tazza e 1/2 di farina
- 2 cucchiaini. lievito in polvere
- 3/4 cucchiaini. Sale

- 3 cucchiai di erba cipollina fresca o prezzemolo tritati

- 3/4 tazza di latte scremato

PREPARAZIONE

1. Spruzzare la pentola a cottura lenta con spray da cucina antiaderente. Metti il pollo nella pentola a cottura lenta.

2. Mescolare brodo, acqua, cipolla, paprika, succo di limone, rosmarino, timo, prezzemolo, 1 cucchiaino di sale e pepe; versare sopra il pollo. Coprire e cuocere a fuoco BASSO per 6-7 ore. Preparare gli gnocchi un'ora prima di servirli (vedi sotto).

3. Gnocchi:

4. Usando un mixer o una forchetta, unisci gli ingredienti secchi e mescola fino a quando il composto non assomiglia a farina grossolana.

5. Aggiungere l'erba cipollina o il prezzemolo e il latte; Mescolare bene. Completare con pollo caldo e salsa. Coprire e cuocere a fuoco ALTO per altri 25 minuti fino a quando gli gnocchi saranno cotti. Servire con purè di patate o pasta e verdure o insalata.

Casseruola di pollo Ruben Crockpot

INGREDIENTI

- 2 sacchetti (16 once ciascuno) di crauti, sciacquati e scolati

- 1 tazza di condimento per insalata russa leggero o ipocalorico, diviso

- 6 metà di petto di pollo disossate e senza pelle

- 1 cucchiaio di senape preparata

- 4-6 fette di formaggio svizzero

- prezzemolo fresco, per decorazione, facoltativo

PREPARAZIONE

1. Metti metà dei crauti in una pentola a cottura lenta elettrica da 3 1/2 quart. Irrorare con circa 1/3 di tazza di condimento. Disporre sopra 3 metà di petto di pollo e spalmare la senape sul pollo. Guarnire con i restanti crauti e il petto di pollo. Versare un'altra tazza di salsa sul piatto. Conservare in frigorifero la salsa rimanente fino al momento di servire. Coprire e cuocere a fuoco lento finché il pollo non sarà completamente bianco e tenero, circa 3 ore e mezza o 4 ore.

2. Al momento di servire, dividere la casseruola in 6 piatti. Guarnire con una fetta di formaggio e irrorare con qualche cucchiaino di salsa russa. Servire subito, guarnendo a piacere con prezzemolo fresco.

3. Per 6 persone.

Pollo in casseruola con carciofi

INGREDIENTI

- Metà di petto di pollo disossate e senza pelle da 1/2 a 2 libbre
- 8 once di funghi freschi affettati
- 1 lattina (14,5 once) di pomodori a cubetti
- 1 confezione di carciofi surgelati, da 8 a 12 once
- 1 tazza di brodo di pollo
- 1/2 tazza di cipolla tritata
- 1 lattina (3-4 once) di olive mature, affettate
- 1/4 tazza di vino bianco secco o brodo di pollo
- 3 cucchiai di tapioca istantanea
- 2 cucchiaini di curry in polvere oa piacere
- 3/4 cucchiaino di timo secco, tritato
- 1/4 cucchiaino di sale
- 1/4 cucchiaino di pepe
- 4 tazze di riso cotto caldo

PREPARAZIONE

1. Sciacquare il pollo; scolare e mettere da parte. In una pentola a cottura lenta da 3 1/2 a 5 litri, unisci i funghi, i pomodori, i cuori di carciofo, il brodo di pollo, la cipolla tritata, le olive a fette e il vino. Mescolare la tapioca, il curry in polvere, il timo, il sale e il pepe. Aggiungi il pollo alla pentola; Versare un po' del composto di pomodoro sul pollo.

2. Coprire e cuocere a temperatura BASSA per 7-8 ore o a temperatura ALTA per 3 ore e 1/2-4. Servire con riso bollito caldo.

3. Fa 6-8 porzioni.

Pollo Crockpot con senape di Digione

INGREDIENTI

- 4-6 filetti di petto di pollo disossati

- 2 cucchiai di senape di Digione

- 1 lattina di zuppa di funghi senza grassi al 98%.

- 2 cucchiaini di amido di mais

- un pizzico di pepe nero

PREPARAZIONE

1. Metti le metà del petto di pollo nell'inserto della pentola a cottura lenta.

2. Mescolare gli altri ingredienti e versarli sul pollo.

3. Coprire e cuocere a bassa temperatura per 6-8 ore.

Spezzatino di pollo con riso

INGREDIENTI

- 4-6 filetti di petto di pollo disossati e senza pelle

- 1 lattina (10 3/4 once) di zuppa di funghi condensata o crema di zuppa di pollo

- 1/2 tazza d'acqua

- 3/4 tazza di riso modificato, crudo a

- 1 tazza e 1/2 di brodo di pollo

- 1 o 2 tazze di fagiolini surgelati, scongelati

PREPARAZIONE

1. Metti i petti di pollo in una ciotola. Aggiungere la crema di zuppa di funghi e 1/2 tazza d'acqua.

2. Aggiungi 3/4 tazza di riso e brodo di pollo.

3. Aggiungi i fagiolini.

4. Coprire e cuocere a fuoco basso per 6 ore, finché il pollo e il riso saranno teneri.

Serve 4-6 persone.

Casseruola di pollo con pomodori

INGREDIENTI

- 4-6 petti di pollo

- 2 peperoni verdi, affettati

- 1 lattina di pomodorini stufati a pezzetti

- 1/2 bottiglia di condimento italiano (a ridotto contenuto di grassi a piacere)

PREPARAZIONE

1. Metti il petto di pollo, il peperone verde, i pomodori in umido e i condimenti italiani in una pentola a cottura lenta o in una pentola e cuoci a fuoco basso tutto il giorno (6-8 ore).

2. Questa ricetta di pollo brasato al pomodoro è stata condivisa da Myron in Florida

Pollo alla cola Crockpot

INGREDIENTI

- 1 pollo intero, circa 3 libbre
- 1 bicchiere di ketchup
- 1 cipolla rossa grande, affettata sottilmente
- 1 bicchiere di Cola, Cola, Pepsi, Dr. Pepper, ecc

PREPARAZIONE

1. Lavare e asciugare il pollo. Sale e pepe a piacere. Metti il pollo nella pentola di terracotta con sopra la cipolla. Aggiungere la cola e il ketchup e cuocere a fuoco BASSO per 6-8 ore. Godere!

2. Scritto da Molly

Pollo alla creola Crockpot

INGREDIENTI

- 1 libbra di cosce di pollo disossate e senza pelle, tagliate in pezzi da 1 pollice

- 1 lattina (14,5 once) di succo di pomodoro

- 1 tazza e 1/2 di brodo di pollo

- 8 once di salsiccia affumicata completamente cotta, affettata

- Da 1/2 a 1 tazza di prosciutto cotto a dadini

- 1 tazza di cipolla tritata

- 1 lattina (6 once) di concentrato di pomodoro

- 1/4 di tazza d'acqua

- 1 cucchiaino e 1/2 di salsa creola

- qualche goccia di Tabasco o altra salsa al peperoncino

- 2 tazze di riso istantaneo crudo •

- 1 tazza di peperone verde tritato

PREPARAZIONE

1. Unisci pollo, pomodori, brodo, salsiccia, prosciutto, cipolla, concentrato di pomodoro, acqua, spezie e salsa Tabasco in una pentola a cottura lenta. Coprire e cuocere a fuoco BASSO per 5-6 ore.

2. Aggiungi il riso e i peperoni verdi nella pentola e cuoci per altri 10 minuti o fino a quando il riso sarà tenero e avrà assorbito la maggior parte del liquido.

3. Se lo si desidera, preparare 1 tazza e 1/2 di riso a grani lunghi e servirlo con un composto di pollo.

4. Per 6 persone.

Casseruola di pollo piccante con ripieno

INGREDIENTI

- 1 lattina (10 1/2 oz) di crema di zuppa di pollo con verdure
- 1 lattina (10 1/2 once) di crema di sedano o crema di zuppa di pollo
- 1/2 bicchiere di vino bianco secco o brodo di pollo
- 1 cucchiaino di scaglie di prezzemolo essiccato
- 1 cucchiaino di foglie di timo essiccate e tritate
- 1/2 cucchiaino di sale
- Un pizzico di pepe nero
- 2 o 2 1/2 tazze di briciole di ripieno condito, circa 6 once, divise
- 4 cucchiai di burro, divisi
- 6-8 filetti di petto di pollo disossati e senza pelle

PREPARAZIONE

1. Mescolare le zuppe, il vino o il brodo, il prezzemolo, il timo, il sale e il pepe.

2. Lavare il pollo e asciugarlo.

3. Ungere leggermente l'inserto di una pentola a cottura lenta da 5-7 litri.

4. Cospargere circa 1/2 tazza di briciole di ripieno sul fondo della padella e spennellare con circa un cucchiaio di burro.

5. Coprire con metà del pollo e poi con metà delle restanti briciole di ripieno. Spennellare con metà del burro rimasto e versare sopra metà del composto della zuppa.

6. Ripetere l'operazione con il pollo rimanente, il ripieno di briciole, il burro e il composto di zuppa.

7. Coprire e cuocere a fuoco basso per 5-7 ore o fino a quando il pollo sarà tenero.

Per 6-8 persone.

Casseruola di pollo piccante con ripieno

INGREDIENTI

- 1 lattina (10 1/2 oz) di crema di zuppa di pollo con verdure

- 1 lattina (10 1/2 once) di crema di sedano o crema di zuppa di pollo

- 1/2 bicchiere di vino bianco secco o brodo di pollo

- 1 cucchiaino di scaglie di prezzemolo essiccato

- 1 cucchiaino di foglie di timo essiccate e tritate

- 1/2 cucchiaino di sale

- Un pizzico di pepe nero

- 2 o 2 1/2 tazze di briciole di ripieno condito, circa 6 once, divise

- 4 cucchiai di burro, divisi

- 6-8 filetti di petto di pollo disossati e senza pelle

PREPARAZIONE

1. Mescolare le zuppe, il vino o il brodo, il prezzemolo, il timo, il sale e il pepe.

2. Lavare il pollo e asciugarlo.

3. Ungere leggermente l'inserto di una pentola a cottura lenta da 5-7 litri.

4. Cospargere circa 1/2 tazza di briciole di ripieno sul fondo della padella e spennellare con circa un cucchiaio di burro.

5. Coprire con metà del pollo e poi con metà delle restanti briciole di ripieno. Spennellare con metà del burro rimasto e versare sopra metà del composto della zuppa.

1. Ripetere l'operazione con il pollo rimanente, il ripieno di briciole, il burro e il composto di zuppa.

2. Coprire e cuocere a fuoco basso per 5-7 ore o fino a quando il pollo sarà tenero.

Per 6-8 persone.

Pollo Crockpot italiano

INGREDIENTI

- 4 libbre di pezzi di pollo

- 3 cucchiai di olio d'oliva

- 2 cipolle, affettate

- 1 cucchiaino di sale

- 1/2 cucchiaino di pepe appena macinato

- 2 gambi di sedano tritati

- 2 tazze di patate a cubetti

- 1 lattina (14,5 once) di pomodori a cubetti, non scolati

- 1 cucchiaino di foglie di origano essiccato

- 1 cucchiaio di scaglie di prezzemolo essiccato

- 1 tazza di piselli surgelati, scongelati

PREPARAZIONE

1. Friggere i pezzi di pollo in olio bollente. Aggiungere sale, pepe e cipolla e soffriggere per altri 5 minuti. Metti il sedano e le patate sul fondo della pentola a cottura lenta e aggiungi il pollo, la cipolla e i pomodori dorati con il loro sugo, l'origano e il prezzemolo. Coprire e cuocere a fuoco basso per 6-8 ore. Aggiungere i piselli negli ultimi 30 minuti.

2. Per 6 persone.

Fagioli di Lima in pentola di coccio con pollo

INGREDIENTI

- Pezzi di pollo da 3-4 libbre

- Sale pepe

- 1 cucchiaio di olio vegetale

- 2 patate grandi, tagliate a cubetti da 1 pollice

- 1 confezione di fagioli di Lima surgelati, scongelati

- 1 tazza di brodo di pollo

- 1/4 cucchiaino di foglie di timo essiccate e tritate

PREPARAZIONE

1. Condisci il pollo con sale e pepe. Scaldare l'olio e il burro in una padella capiente; Friggere il petto di pollo fino a doratura su entrambi i lati. Aggiungi il pollo nella pentola con il resto degli ingredienti. Coprire e cuocere a fuoco lento fino a quando il pollo sarà tenero, 4-6 ore.

2. Parte 4.

Delizia di maccheroni e formaggio Crockpot

INGREDIENTI

- 1 bottiglia di salsa Alfredo

- 1 lattina di zuppa di funghi, se sana

- 1 lattina (7 once) di tonno bianco o pollo, sgocciolato, oppure utilizzare pollo o carne cotti avanzati

- 1/4 cucchiaino di curry in polvere

- Da 1 a 1 tazza e 1/2 di verdure miste surgelate

- 1 tazza e 1/2 di formaggio svizzero grattugiato

- 4 tazze di pasta cotta (pasta, papillon, vongole)

PREPARAZIONE

1. Mescolare i primi 5 ingredienti; Coprire e cuocere a fuoco BASSO per 4-5 ore. Nell'ultima ora aggiungete al composto il formaggio svizzero. Cuocere la pasta secondo le indicazioni sulla confezione; Scolare e mettere in una pentola a cottura lenta. Si abbina bene anche con pollo cotto o in scatola, prosciutto avanzato o semplicemente con verdure extra!

2. Parte 4.

Debutto pollo e pentola ripiena

INGREDIENTI

- 1 confezione di miscela per farcitura al gusto di erbe, già pronta
- 4-6 filetti di petto di pollo disossati o cosce di pollo disossate e senza pelle
-
- 1 lattina (10 3/4 once) di crema condensata di brodo di pollo, non diluita
- 1 lattina (3-4 once o più) di funghi secchi affettati

PREPARAZIONE

1. Ungere il fondo e i lati dell'inserto della pentola a cottura lenta.

2. Prepara il ripieno confezionato (o fatto in casa) con burro e liquido secondo le indicazioni sulla confezione.

3. Metti il ripieno preparato sul fondo imburrato della pentola a cottura lenta.

4. Metti i pezzi di pollo sopra il composto di ripieno. I polli possono sovrapporsi, ma cerca di sistemarli il meno possibile. Puoi usare più pollo se hai spazio.

5. Versare il brodo di pollo condensato sul pollo. Se preferite potete utilizzare anche la crema di funghi o la crema di sedano. Completare con i funghi. Assicurati di mescolare un po 'i funghi per coprirli con la zuppa.

6. Coprire e cuocere a fuoco basso per 5-7 ore.

7. • I petti di pollo tendono a seccarsi se cotti a lungo, quindi controllateli prima. La coscia è più spessa del petto di pollo, quindi può essere cotta più a lungo.

Pollo di Re Diana

INGREDIENTI

- Pollo disossato da 1 1/2 a 2 libbre

- 1 tazza e 1/2 di carote tagliate a fiammiferi

- 1 mazzo di cipolle verdi (scalogno), tagliato a pezzi da 1/2 pollice

- 1 vasetto di crema spalmabile al formaggio Kraft Pimiento o Pimento Olive (5 once)

- 1 lattina di zuppa di pollo senza grassi al 98%.

- 2 cucchiai di sherry secco (facoltativo)

- Sale e pepe a piacere

PREPARAZIONE

1. Metti tutti gli ingredienti in una pentola a cottura lenta (3 1/2 quarti o più) nell'ordine elencato. Mescolalo. Coprire e cuocere a fuoco basso per 7-9 ore. Servire con riso, pane tostato o cracker.

2. Per 6-8 persone.

Pollo con verdure all'aneto

INGREDIENTI

- Bocconcini di pollo da 1 a 1 1/2 libbre, tagliati in pezzi da 1 pollice

- 1 cucchiaio di cipolla secca tritata (o cipolla tritata finemente)

- 1 lattina di zuppa di funghi normale o magra al 98%.

- 1 confezione (1 oncia) di succo di funghi (può essere sostituito con pollo o salsa country)

- 1 tazza di carotine

- 1/2-1 cucchiaino di aneto

- sale e pepe a piacere

- 1 tazza di piselli surgelati

PREPARAZIONE

1. Unisci i primi 7 ingredienti nella pentola a cottura lenta; Coprire e cuocere a fuoco lento per 6-8 ore. Aggiungere i piselli surgelati negli ultimi 30-45 minuti. Servire con riso o purè di patate.

2. Parte 4.

Don pollo in agrodolce

INGREDIENTI

- 2-4 filetti di petto di pollo senza pelle

- 1 cipolla grande, tritata grossolanamente

- 2 peperoni tritati grossolanamente (uno verde, uno rosso)

- 1 tazza di cimette di broccoli

- 1/2 tazza di pezzi di carota

- 1 lattina grande di ananas tritato (succo sgocciolato)

- 1/4-1/2 tazza di zucchero di canna (si può usare anche lo zucchero normale)

- Acqua/vino/succo d'uva bianca/succo d'arancia, ecc. per un'ulteriore sostituzione del fluido, se necessario

- 1 cucchiaio di amido di mais per tazza del liquido risultante

- Salsa piccante a piacere, facoltativa

- Sale e pepe a piacere, facoltativo

- Cannella, facoltativa

- Pimento, facoltativo

- Chiodi di garofano, facoltativi

- Curry in polvere, facoltativo

PREPARAZIONE

1. Metti i petti di pollo nella pentola a cottura lenta o nella pentola. Aggiungere le cipolle, i peperoni, i broccoli e le carote. Mescolare fino ad ottenere un composto ben amalgamato, privo di zollette di zucchero, liquidi, spezie, amido di mais e zucchero. Versare sopra il pollo. Se il succo non basta, aggiungi il tuo liquido preferito per raggiungere il livello desiderato. (MA NOTA: per ogni tazza aggiuntiva di liquido, aggiungere un ulteriore cucchiaio di amido di mais prima di aggiungerlo alla pentola a cottura lenta.)

2. Coprire e cuocere a bassa temperatura per 6-8 ore. A volte modifico la ricetta e utilizzo frullati di frutta con un po' meno zucchero, confetture di ananas o albicocche, magari marmellata di arance. (Se hai usato cibo in scatola, non hai bisogno dell'amido di mais e ovviamente dello zucchero. Usa la tua immaginazione. Ricorda che il dolceamaro è essenzialmente succo di frutta e aceto.

Pollo al formaggio a cottura lenta facile

INGREDIENTI

- 6 metà di petto di pollo disossate e senza pelle

- Sale e pepe a piacere

- Aglio in polvere, a piacere

- 2 lattine di zuppa di pollo condensata

- 1 lattina di zuppa di formaggio cheddar condensato

PREPARAZIONE

1. Sciacquare il pollo e cospargerlo con sale, pepe e aglio in polvere. Incorporate la zuppa non diluita e versatela nella pentola con il pollo.

2. Coprire e cuocere a bassa temperatura per 6-8 ore.

3. Servire con riso o pasta.

4. Per 6 persone.

Pollo alla cacciatora facile

INGREDIENTI

- 1 pollo, tagliuzzato, 3-3 1/2 libbre
- 1 bottiglia di sugo per spaghetti
- cipolla tritata
- funghi a fette
- peperone verde tritato
- Sale pepe
- Pezzi di peperoncino

PREPARAZIONE

1. Aggiungi un pollo intero sminuzzato (3-3 1/2 libbre) nella pentola a cottura lenta/ciotola. Aggiungi alcune cipolle tritate, funghi e peperoni verdi a una bottiglia di salsa per spaghetti. Sale e pepe a piacere. (Io uso anche questi piccoli fiocchi di peperoncino.)

2. Cuocere a fuoco basso tutto il giorno (7-9 ore). Servire con pasta o spaghetti.

Salsa facile per pasta al pollo

INGREDIENTI

- 1 libbra di filetto di pollo o petto di pollo, tagliato a dadini

- 1 lattina (15 once) di pomodori a cubetti

- 1 lattina piccola (6 once) di concentrato di pomodoro

- 1 gambo di sedano, tritato

- 1/4 tazza di cipolla tritata

- 1/2 tazza di carote tritate o grattugiate, in scatola o cotte fino a renderle morbide

- 1/2 cucchiaino di origano

- 1/2 cucchiaino di sale

- 1/4 cucchiaino di pepe

- 1/2 cucchiaino di aglio in polvere

- un pizzico di zucchero o altro dolcificante (facoltativo oa piacere)

PREPARAZIONE

1. Unisci tutti gli ingredienti in una pentola a cottura lenta o in una pentola. Coprire e cuocere a fuoco basso per 6-8 ore. Circa 30 minuti prima di servire, assaggiate e aggiustate la copertura, aggiungendo un po' d'acqua per diluire se necessario. Servi questa semplice ricetta di petto di pollo con spaghetti, fettuccine o altra pasta.

2. Questa semplice ricetta di pollo serve 4 persone.

Pollo semplice alle mandorle

INGREDIENTI

- 4-6 petti di pollo lavati e senza pelle

- 1 lattina (10 3/4 once) di zuppa di pollo

- 1 cucchiaio di succo di limone

- 1/3 di tazza di maionese

- 1/2 tazza di sedano a fette sottili

- 1/4 tazza di cipolla tritata

- 1/4 tazza di pepe rosso sgocciolato e tritato

- 1/2 tazza di mandorle a scaglie o affettate

- prezzemolo fresco tritato, facoltativo

PREPARAZIONE

1. Metti i petti di pollo sul fondo della pentola a cottura lenta. Unisci la zuppa, il succo di limone, la maionese, il sedano, la cipolla e il peperoncino in una ciotola; versare sopra i petti di pollo. Coprire e cuocere a fuoco lento fino a quando il pollo sarà tenero, da 5 a 7 ore (le metà di petto di pollo disossate richiedono meno tempo delle metà di petto di pollo disossate). Mettete i petti di pollo in una ciotola e versatevi sopra il fondo di cottura. Cospargere con mandorle e prezzemolo a piacere.

2. Servire con riso bollito caldo e broccoli al vapore.

3. Per 4-6 persone.

Cassoulet facile Crockpot

INGREDIENTI

- 1 cucchiaio di olio extra vergine di oliva

- 1 cipolla grande, tritata

- 4 cosce di pollo disossate e senza pelle, tritate grossolanamente

- 1/4 di libbra di salsiccia affumicata cotta, ad es. Ad esempio la kielbasa o un'andouille più piccante, tagliata a dadini

- 3 spicchi d'aglio, tritati

- 1 cucchiaino di foglie di timo essiccate

- 1/2 cucchiaino di pepe nero

- 4 cucchiai di concentrato di pomodoro

- 2 cucchiai d'acqua

- 3 barattoli (circa 15 once ciascuno) di fave, sciacquate e scolate

- 3 cucchiai di prezzemolo fresco tritato

PREPARAZIONE

1. Scaldare l'olio d'oliva in una padella capiente a fuoco medio-alto.

2. Aggiungi la cipolla all'olio caldo e cuoci, mescolando, finché la cipolla non si ammorbidisce, circa 4 minuti.

3. Aggiungi il pollo, la salsiccia, l'aglio, il timo e il pepe. Cuocere per 5-8 minuti o fino a quando il pollo e la salsiccia saranno dorati.

4. Aggiungere il concentrato di pomodoro e l'acqua; Aggiungi alla pentola a cottura lenta. Mescolare i fagioli nel composto di pollo; Coprire e cuocere a fuoco BASSO per 4-6 ore.

5. Prima di servire, cospargere la scatola con prezzemolo tritato.

6. Servire 6.

Pollo Crockpot facile Santa Fe di Cindy

INGREDIENTI

- 1 lattina (15 once) di fagioli neri, sciacquati e scolati
- 2 lattine (15 once) di mais intero, sgocciolato
- 1 tazza di condimento in bottiglia spessa, il tuo preferito
- 5 o 6 metà di petto di pollo disossate e senza pelle (circa 2 libbre)
- 1 tazza di formaggio cheddar grattugiato

PREPARAZIONE

1. Unisci fagioli neri, mais e 1/2 tazza di salsa in una pentola a cottura lenta da 3 1/2 a 5 quart.

2. Coprire i petti di pollo, quindi versarvi sopra la rimanente 1/2 tazza di salsa. Coprire e cuocere a fuoco alto fino a quando il pollo sarà tenero e completamente bianco, da 2 1/2 a 3 ore. Non cuocere troppo a lungo altrimenti il pollo si seccherà.

3. Cospargere il formaggio; coprire e cuocere finché il formaggio non si scioglie, circa 5-15 minuti.

4. Per 6 persone.

Jeff Easy Pollo fritto con salsa

INGREDIENTI

- 1 pollo fritto
- Sale pepe

PREPARAZIONE

1. Pulisci semplicemente il pollo, lavalo e mettilo nella pentola. Aggiungete un pizzico di sale e spolverate di pepe sopra. Lasciare in posa per circa 6 ore.

2. Quando si tira fuori il prodotto finito, versare il succo rimasto in una tazza, coprire con un foglio di alluminio e riporre nel congelatore per circa mezz'ora. Ciò fa sì che il grasso si solidifichi nella parte superiore della tazza. Toglietelo e aggiungete il brodo rimanente alla salsa.

Pollo allo zenzero e ananas

INGREDIENTI

- 4-5 petti di pollo disossati, tagliati a cubetti (circa 1,9 cm)
- 1 mazzo di cipolle verdi di circa 3 pollici con cipolle verdi affettate da 1/2 pollice
- 1 lattina (8 once) di ananas tritato e non sgocciolato
- 1 cucchiaio di zenzero cristallizzato tritato finemente
- 2 cucchiai di succo di limone
- 2 cucchiai di salsa di soia (a basso contenuto di sodio)
- 3 cucchiai di zucchero di canna o miele
- 1/2 cucchiaino di aglio in polvere

PREPARAZIONE

1. Mescolare tutti gli ingredienti in una pentola a cottura lenta; Coprire e cuocere a fuoco lento per 6-8 ore. Servire con riso o tagliatelle piatte.

2. Parte 4.

Pollo greco

INGREDIENTI

- 4-6 filetti di petto di pollo senza pelle
- 1 litro. lattina (15 once) di salsa di pomodoro
- 1 lattina (14,5 once) di pomodori a cubetti con succo
- 1 scatola di funghi affettati
- 1 lattina (4 once) di olive mature affettate
- 2 spicchi d'aglio, tritati
- 1 cucchiaio. succo di limone
- 1 cucchiaino. foglia di origano essiccato
- 1/2 tazza di cipolla tritata
- 1/2 secondo di vino bianco secco (facoltativo)
- 2 tazze di riso cotto caldo
- Sale qb

PREPARAZIONE

1. Lavare e asciugare il pollo. Cuocere in forno a 350 gradi per circa 30 minuti. Nel frattempo mescolare tutti gli altri ingredienti (tranne il riso). Tritare il pollo e aggiungerlo alla salsa; Coprire e cuocere a fuoco lento per 4-5 ore. Servire il pollo e la salsa con riso cotto caldo.

2. Per 4-6 persone.

Bastone hawaiano

INGREDIENTI

- 12 cosce di pollo
- 1 bicchiere di ketchup
- 1 tazza di zucchero di canna scuro
- 1/2 tazza di salsa di soia
- zenzero fresco grattugiato, 1 cucchiaio
- una goccia di olio di sesamo

PREPARAZIONE

1. Coprire e cuocere a fuoco basso per circa 8 ore. Servire con riso bianco.

2. Ahahahah!

3. Ricetta delle cosce di pollo condivisa da LeRoy e Nitz Dawg!

Pollo piccante con verdure

INGREDIENTI

- Pezzi di pollo da 3-4 libbre
- Da 1 1/2 a 2 tazze di cipolle intere piccole congelate o in scatola e scolate
- 2 tazze di carotine intere
- 2 patate medie, tagliate a pezzi da 1 pollice
- 1 tazza e 1/2 di brodo di pollo
- 2 gambi di sedano medi, tagliati a pezzi di 5 cm
- 2 fette di pancetta, tagliate a dadini
- 1 foglia di alloro
- 1/4 cucchiaino di timo secco
- 1/4 cucchiaino di pepe nero
- 1/4 tazza di prezzemolo fresco tritato
- 2 cucchiai di dragoncello fresco tritato o 1 cucchiaino di dragoncello essiccato
- 1 cucchiaino di scorza di limone grattugiata
- 2 cucchiai di succo di limone fresco
- 1/2 cucchiaino di sale o a piacere

PREPARAZIONE

1. In una pentola a cottura lenta, unisci pollo, cipolla, carota, patate, brodo, sedano, pancetta, alloro, timo e pepe. Abbassate la fiamma al minimo e fate cuocere per 8-10 ore.

2. Mettilo da parte.

3. Usando una schiumarola, trasferisci il pollo e le verdure su un piatto riscaldato. Coprire con pellicola e tenere al caldo. Scolare ed eliminare il grasso in eccesso. Incorporare il prezzemolo, il dragoncello, la scorza e il succo di limone e condire con sale; Versare sopra il pollo e le verdure.

Pollo piccante con riso selvatico

INGREDIENTI

- Nuggets di pollo da 1 a 1 1/2 libbre o mezzo petto di pollo disossato

- Da 6 a 8 once di funghi affettati

- 1 cucchiaio di olio vegetale

- 2 o 3 fette di pancetta sbriciolata oppure 2 cucchiai di vera pancetta a pezzi

- 1 cucchiaino di burro

- 1 lattina (6 once) di riso a grani lunghi Uncle Ben's (gusto pollo).

- 1 lattina di crema di brodo di pollo, alle erbe o al naturale

- 1 bicchiere d'acqua

- 1 cucchiaino di miscela di erbe, ad es. B. erbe deliziose o la tua miscela di erbe preferita; prezzemolo, timo, dragoncello, ecc.

PREPARAZIONE

1. Friggere i pezzi di pollo e i funghi in olio e burro fino a quando il pollo sarà leggermente dorato. Metti la pancetta sul fondo di una pentola a cottura lenta da 3 1/2 a 5 quart. Disporre il riso sopra la pancetta. Prenota un pacchetto di spezie. Metti gli involtini di pollo sopra il riso. Se usate il petto di pollo, tagliatelo a listarelle o a cubetti. Versare la zuppa sul pollo, quindi coprire con acqua. La parte superiore è imbrattata di condimenti e cosparsa di una miscela di erbe. Coprire e cuocere a fuoco BASSO per 5 1/2 - 6 1/2 ore o fino a quando il riso sarà tenero (non pastoso).

2. Per 4-6 persone.

Pollo con miele e zenzero
INGREDIENTI

- 3 libbre di petti di pollo senza pelle
- 1 1/4 pollici di radice di zenzero fresca, sbucciata e tritata
- 2 spicchi d'aglio, tritati
- 1/2 tazza di salsa di soia
- 1/2 tazza di miele
- 3 cucchiai di sherry secco
- Mescolare 2 cucchiai di amido di mais con 2 cucchiai di acqua

PREPARAZIONE

1. Mescolare lo zenzero, l'aglio, la salsa di soia, il miele e lo sherry in una piccola ciotola. Immergere i pezzi di pollo nella salsa. Metti i pezzi di pollo nella pentola a cottura lenta. Versare su tutto la restante salsa. Coprire e cuocere a fuoco BASSO per circa 6 ore.

2. Togliere il pollo dal piatto da portata caldo e versare il liquido nella padella o nella padella. Portare a ebollizione e cuocere a fuoco lento per altri 3-4 minuti per ridurre leggermente la quantità. Mescolare l'amido di mais nella miscela di salsa.

3. Cuocere a fuoco lento fino ad ottenere un composto denso. Versare la salsa sul pollo e mescolare.

4. Servire il pollo con riso caldo.

Pollo alla griglia con miele e patate dolci

INGREDIENTI

- 3 tazze di patate dolci sbucciate e affettate, circa 2 patate dolci di dimensioni medio-grandi
- 1 lattina (8 once) di pezzi di ananas nel succo, scolati
- 1/2 tazza di brodo di pollo
- 1/4 tazza di cipolla tritata
- 1/2 cucchiaino di zenzero macinato
- 1/3 di tazza di salsa barbecue, la tua salsa preferita
- 2 cucchiai di miele
- 1/2 cucchiaino di senape secca
- 4-6 quarti di cosce di pollo (cosce con zampe, senza pelle).

PREPARAZIONE

1. In una pentola a cottura lenta da 3 1/2 a 5 litri, unisci patate dolci, ananas con succo di frutta, brodo di pollo, cipolla tritata e zenzero macinato; mescolare per amalgamare bene. In una piccola ciotola, mescolare insieme la salsa barbecue, il miele e la senape secca. mescolare per amalgamare bene. Spennellare tutti i lati del pollo con la salsa barbecue. Disporre il pollo fritto in un unico strato sopra il composto di patate dolci e ananas, sovrapponendoli se necessario. Versare la miscela rimanente di salsa barbecue sul pollo.

2. Copertura; Cuocere a fuoco lento per 7-9 ore o fino a quando il pollo sarà tenero, i succhi saranno chiari e le patate dolci saranno tenere.

3. Per 4-6 persone.

Pollo Hoisin al miele

INGREDIENTI

- 2-3 libbre di pezzi di pollo (o pollo intero, tritato)
- 2 cucchiai di salsa di soia
- 2 cucchiai di salsa hoisin
- 2 cucchiai di miele
- 2 cucchiai di vino bianco secco
- 1 cucchiaio di radice di zenzero grattugiata o 1 cucchiaino di zenzero macinato
- 1/8 cucchiaino di pepe nero macinato
- 2 cucchiai di amido di mais
- 2 cucchiai d'acqua

PREPARAZIONE

1. Lavare e asciugare il pollo; Posizionare sul fondo della pentola a cottura lenta.

2. Mescolare salsa di soia, salsa hoisin, miele, vino, zenzero e pepe. Versare la salsa sul pollo.

3. Coprire e cuocere a fuoco lento fino a quando il pollo sarà tenero e i succhi saranno chiari, da circa 5 ore e mezza a 8 ore.

4. Mescola l'amido di mais e l'acqua.

5. Rimuovi il pollo dalla pentola a cottura lenta. Alzare la fiamma al massimo e aggiungere l'amido di mais e l'acqua.

6. Continua a cuocere finché non si addensa e trasferisci il pollo nella pentola a cottura lenta per riscaldarlo.

Pollo italiano

INGREDIENTI

- 4 petti di pollo disossati, tagliati a pezzetti
- 1-16 once. Pomodori in scatola, tritati
- 1 peperone verde dolce grande, tagliato a cubetti
- 1 cipolla piccola, tagliata a dadini
- 1 costa di sedano di medie dimensioni, tagliata a dadini
- 1 carota media, sbucciata e tagliata a cubetti
- 1 foglia di alloro
- 1 cucchiaino di origano secco
- 1 cucchiaino di basilico essiccato
- 1/2 cucchiaino di timo secco, facoltativo
- 2 spicchi d'aglio tritati; OPPURE 2 cucchiaini. Polvere d'aglio
- 1/2 cucchiaino di sale
- 1/2 cucchiaino di peperoncino in scaglie oa piacere
- 1/2 tazza di parmigiano o formaggio romano grattugiato

PREPARAZIONE

1. Mescolare tutti gli ingredienti tranne il formaggio grattugiato nella pentola a cottura lenta.

2. Coprire e cuocere a fuoco basso per 6-8 ore. Prima di servire, eliminate la foglia di alloro e spolverate con formaggio grattugiato.

3. Si sposa bene con riso o pasta

Pollo italiano in pentola

INGREDIENTI

- 1 libbra di cosce di pollo disossate e senza pelle o 4 quarti di cosce di pollo senza pelle
- 1/2 tazza di cipolla tritata
- 1/2 tazza di olive snocciolate mature affettate
- 1 lattina (14,5 once) di pomodori a cubetti, non scolati
- 1 cucchiaino di foglie di origano essiccato
- 1/2 cucchiaino di sale
- 1/2 cucchiaino di rosmarino essiccato, sbriciolato
- un pizzico di foglie di timo essiccate
- 1/4 cucchiaino di aglio in polvere
- 1/4 tazza di acqua fredda o brodo di pollo
- 1 cucchiaio di amido di mais

PREPARAZIONE

1. Metti il pollo in una pentola a cottura lenta da 3 1/2 a 5 litri. Aggiungere la cipolla tritata e le olive a fettine. Mescolare i pomodori con origano, sale, rosmarino, timo e aglio in polvere. Versare il composto di pomodoro sul pollo. Coprire e cuocere a fuoco basso per 7-9 ore, o fino a quando il pollo sarà tenero e i succhi saranno limpidi. Con una schiumarola ritagliare il pollo e le verdure e disporli su un piatto caldo. Coprire con pellicola e tenere al caldo. Aumenta il piatto su ALTO.

2. Unisci l'acqua o il brodo e l'amido di mais in una tazza o una piccola ciotola. mescolare fino a che liscio. Mescolare il liquido nella pentola. Coprire e cuocere finché non si addensa. Servire la salsa addensata insieme al pollo.

3. Parte 4.

Pollo italiano con spaghetti, pentola a cottura lenta

INGREDIENTI

- 1 lattina (8 once) di salsa di pomodoro
- 6-8 filetti di petto di pollo disossati e senza pelle
- 1 lattina (6 once) di concentrato di pomodoro
- 3 cucchiai d'acqua
- 3 spicchi d'aglio medio, tritati
- 2 cucchiaini di foglie di origano essiccato, tritate
- 1 cucchiaino di zucchero oa piacere
- spaghetti cotti a caldo
- 4 once di mozzarella grattugiata
- parmigiano grattugiato

PREPARAZIONE

1. Se lo si desidera, rosolare il pollo in olio bollente; Scolare e cospargere abbondantemente di sale e pepe. Disporre il pollo nella pentola a cottura lenta. Unisci salsa di pomodoro, concentrato di pomodoro, acqua, aglio, origano e zucchero; versare sopra il pollo. Coprire e cuocere a fuoco BASSO per 6-8 ore. Togliere il pollo e tenerlo al caldo. Accendete la fiamma a fuoco alto e aggiungete la mozzarella alla salsa. Cuocere senza coperchio fino a quando il formaggio si scioglie e la salsa si scalda.
2. Servire il pollo e la salsa sugli spaghetti ben cotti. Servire con parmigiano.
3. Per 6-8 persone.

Pollo alla Stroganoff facile

INGREDIENTI

-
1 tazza di panna acida senza grassi

- 1 cucchiaio di farina universale Gold Metal Gold

- 1 busta di salsa di pollo (ca. 30 grammi)

- 1 bicchiere d'acqua

- 1 libbra disossata, senza pelle, tagliata in pezzi da 1 pollice

- 16 once di verdure miste della California congelate, scongelate

- 1 tazza di funghi a fette, fritti

- 1 tazza di piselli surgelati

- 10 once di patate, sbucciate e tagliate a pezzi da 1 pollice, circa 2 patate medie sbucciate

- 1 tazza e 1/2 di miscela per biscotti Bisquick

- 4 cipolle verdi tritate (1/3 di tazza)

-
1/2 tazza di latte scremato all'1%.

PREPARAZIONE

1. In una padella da 3,5-5 litri, mescolare la panna acida, la farina, la salsa e l'acqua fino a ottenere un composto omogeneo. Mescolare il pollo, le verdure e i funghi. Coprite e lasciate cuocere per 4 ore o fino a quando il pollo sarà tenero e la salsa si sarà addensata. Aggiungere i piselli. Mescolare il composto di cottura e la cipolla. Mescolare il latte fino a quando non sarà inumidito. Aggiungere il composto a cucchiaiate arrotondate al composto di pollo e verdure. Coprite e fate cuocere a fuoco vivace per 45-50 minuti o fino a quando uno stuzzicadenti infilato al centro dello gnocco ne uscirà pulito.
2. Servire immediatamente 4 porzioni.

Pollo a cottura lenta di Lilly con salsa al formaggio

INGREDIENTI

- 6 metà di petto di pollo disossate e senza pelle
- 2 barattoli di crema di brodo di pollo
- 1 lattina di zuppa di formaggio
- Sale, pepe, aglio in polvere a piacere

PREPARAZIONE

1. Cospargere i petti di pollo con aglio in polvere, sale e pepe.
2. Metti 3 petti di pollo nella pentola a cottura lenta. Mescolare insieme tutta la zuppa; Versare metà della zuppa sui primi 3 petti di pollo.
3. Metti sopra i restanti 3 petti di pollo. Versarvi sopra la zuppa rimasta.
4. Coprire e cuocere a fuoco BASSO per 6-8 ore.

Petto di pollo messicano

INGREDIENTI

- 2 cucchiai di olio vegetale
- 3-4 petti di pollo disossati e senza pelle, tagliati in pezzi da 1 pollice
- 1/2 tazza di cipolla tritata
- 1 peperone verde (o usa il peperone rosso)
- 1 o 2 peperoncini jalapeno piccoli, tritati
- 3 spicchi d'aglio, tritati
- 1 lattina (4 once) di peperoncino dolce, tritato
- 1 lattina (14 1/2 once) di peperoncini alla messicana o pomodori arrostiti a dadini
- 1 cucchiaino di foglie di origano essiccato
- 1/4 cucchiaino di cumino macinato
- formaggio messicano misto grattugiato
- Salsa

Contorni selezionabili

- Panna acida
- Guacamole
- cipollotto tritato
- Pomodori a dadini

- insalata tritata

- olive mature affettate

- coriandolo

PREPARAZIONE

1. Scaldare l'olio in una padella capiente a fuoco medio-alto. Petto di pollo dorato. Estrarre e scolare.
2. Nella stessa padella, rosolare la cipolla, il peperone verde, l'aglio e il jalapeno fino a renderli morbidi.
3. Aggiungi il composto di petto di pollo e cipolla nella pentola a cottura lenta.
4. Aggiungi i peperoncini, i pomodori, l'origano e il cumino nella pentola a cottura lenta. Mescolalo.
5. Coprire e cuocere a BASSA per 6-8 ore (3-4 ore a ALTA).
6. Servire con tortillas di farina calde, formaggio grattugiato e salsa, oltre ai tuoi ingredienti e condimenti preferiti.
7. Il guacamole o la panna acida possono essere un ottimo condimento con cipolle verdi affettate o pomodori a dadini.

Pollo ai porri di Paul

INGREDIENTI

- 3-4 libbre di parti di pollo, disossate
- 4-6 patate, tagliate a fette spesse circa 1/4 di pollice
- 1 confezione di zuppa di porri
- 1 porro affettato sottile oppure 4 cipollotti tritati finemente
- Da 1/2 a 1 tazza d'acqua
- Paprica
- spezie •

PREPARAZIONE

1. Disporre le patate sul fondo della pentola a cottura lenta, aggiungere la cipolla o il porro, quindi il pollo. (Se avete più strati di pollo, salate e pepate. Non condite ancora lo strato superiore.) Mescolate la zuppa di porri per ca. con 1/2 tazza d'acqua. versare tutto. Condisci lo strato superiore del pollo. Poi ho spolverato sopra un po' di paprika per dargli un po' di colore.

- Se lo si desidera, aggiungere un po' di aglio tritato e un po' di rosmarino fresco per condire.

Cuocere a fuoco lento per 6-7 ore, se necessario aggiungere altra acqua.

Salsa barbecue

- 1 tazza e 1/2 di ketchup

- 4 cucchiai di burro

- 1/2 tazza di Jack Daniels o altro whisky di alta qualità

- 5 cucchiai di zucchero di canna

- 3 cucchiai di melassa

- 3 cucchiai di aceto di mele

- 2 cucchiai di salsa Worcestershire

- 1 cucchiaio di salsa di soia

- 4 cucchiaini di senape di Digione o senape gourmet

- 2 cucchiaini di fumo liquido

- 1 cucchiaino e 1/2 di cipolla in polvere

- 1 cucchiaino di aglio in polvere

- 1 cucchiaio di Sriracha o più a piacere (è possibile sostituire circa 1 cucchiaino di pepe di cayenna)

-

1/2 cucchiaino di pepe nero macinato

PREPARAZIONE

1. Rivestire 2 teglie rivestite con un foglio di alluminio; Spruzzare con spray da cucina antiaderente. Preriscaldare il forno a 425 °.
2. Mescolare le cosce con la farina, 1 cucchiaino di sale e 1/2 cucchiaino di pepe.

3. Disporre sulle teglie e cuocere per 20 minuti. Capovolgi il tamburo e rimettilo nel forno. Cuocere per altri 20 minuti o fino a doratura.
4. Nel frattempo, mettere tutti gli ingredienti della salsa in una casseruola media; Mescolare bene e portare ad ebollizione a fuoco medio.
5. Ridurre il fuoco e cuocere a fuoco lento per 5 minuti.
6. Metti le cosce in una ciotola o in una pentola a cottura lenta (se vuoi tenerle al caldo per la festa). Condire con circa la metà della salsa barbecue. Servire immediatamente con la salsa o impostare la pentola a cottura lenta su BASSO per mantenerla al caldo. Se non servite la salsa immediatamente, conservate in frigorifero la salsa rimanente fino al momento di servire.
7. Servire le cosce ben calde da intingere con la salsa. Tieni molti fazzoletti a portata di mano.
8. Con questa ricetta se ne producono circa tre dozzine, sufficienti per 6-8 persone come antipasto.

Pollo allo sherry e gnocchi

INGREDIENTI

- 4 lati di petto di pollo
- 2 lattine di brodo di pollo (3 tazze e 1/2)
- 1 bicchiere d'acqua
- 3 cubetti di brodo di pollo o brodo equivalente o pellet
- 1 carota piccola tagliata a pezzetti
- 1 piccolo gambo di sedano, tritato
- 1/2 tazza di cipolla tritata
- 12 tortillas di farina grandi

PREPARAZIONE

1. Unisci tutti gli ingredienti tranne le tortillas nella pentola a cottura lenta. Cuocere a fuoco basso per 8-10 ore. Togliere il pollo, togliere la carne dalle ossa e mettere il brodo in una pentola capiente sul fuoco. Tagliate il petto di pollo a pezzetti e aggiungetelo nuovamente al brodo sul fuoco. Cuocere lentamente.
2. Tagliate le tortillas a metà, poi tagliatele a listarelle spesse 2,5 cm. Aggiungete le listarelle al brodo bollente e fate cuocere a fuoco basso per 15-20 minuti, mescolando di tanto in tanto. Il brodo dovrebbe addensarsi, ma se è troppo liquido, mescola 1 cucchiaio di amido di mais con abbastanza acqua per scioglierlo e aggiungilo al succo.
3. Cuocere per altri 5-10 minuti.
4. Serve 4.

Pollo alla griglia facile da cuocere a fuoco lento

INGREDIENTI

- 3 metà di petto di pollo disossate

- 1 tazza e 1/2 di salsa barbecue calda, a piacere, più una quantità extra per servire

- 1 cipolla media, affettata o tritata

- Panini tostati

- Servire l'insalata di cavolo

PREPARAZIONE

1. Lavate il petto di pollo e asciugatelo. Aggiungere alla pentola a cottura lenta con 1 tazza e 1/2 di salsa barbecue e cipolla. Mescolare per ricoprire il pollo. Coprire e cuocere su ALTA per 3 ore.
2. Mettete i petti di pollo su un piatto e affettateli o tritateli. Riporta il pollo sminuzzato nella salsa nella pentola a cottura lenta. mescolalo. Coprire e cuocere per altri 10 minuti.
3. Servire il pollo tagliuzzato su un panino tostato, con insalata di cavolo e salsa barbecue extra.
4. Serve 4-6 persone.

Pollo Digione a cottura lenta

INGREDIENTI

-
- 1-2 chili di petto di pollo
- 1 lattina di crema condensata di zuppa di pollo, non diluita (10 1/2 once)
- 2 cucchiai di senape di Digione normale o granulosa
- 1 cucchiaio di amido di mais
- 1/2 tazza d'acqua
- Pepe a piacere
- 1 cucchiaino di prezzemolo secco in scaglie o 1 cucchiaio di prezzemolo fresco tritato

PREPARAZIONE

1. Lavare il pollo e asciugarlo; mettere nella pentola a cottura lenta. Mescolare la zuppa con senape e farina di mais; Aggiungere acqua e mescolare. Mescolare il prezzemolo e il pepe. Versare il composto sul pollo. Coprire e cuocere a fuoco BASSO per 6-7 ore. Servire con riso bollito caldo e verdure.
2. La ricetta del pollo di Digione serve 4-6 persone.

Pollo al barbecue a cottura lenta

INGREDIENTI

- Pezzi di pollo da 3-4 libbre
- 1 cipolla grande, tritata grossolanamente
- 1 bottiglia di salsa barbecue

PREPARAZIONE

1. Metti il pollo sul fondo della pentola a cottura lenta o della pentola e aggiungi le cipolle e la salsa barbecue. Cuocere a fuoco BASSO per circa 6-8 ore o fino a quando il pollo sarà tenero ma non si sfalderà.
2. Serve 4-6 persone.

Cosce di pollo grigliate nella pentola a cottura lenta

INGREDIENTI

- 1/2 tazza di farina

- 1/2 cucchiaino di aglio in polvere

- 1 cucchiaino di senape secca

- 1 cucchiaino di sale

- 1/4 cucchiaino di pepe

- 8 cosce di pollo

- 2 cucchiai di olio vegetale

- 1 tazza di salsa barbecue densa

PREPARAZIONE

1. Mettete in un sacchetto la farina, l'aglio in polvere, la senape, il sale e il pepe. Aggiungere gradualmente il pollo e mescolare fino a quando sarà ben ricoperto. Scaldare l'olio in una padella capiente; Aggiungere il pollo e rosolarlo su tutti i lati. Versare metà della salsa barbecue in una ciotola. Aggiungere il pollo, quindi aggiungere la salsa rimanente.

Cuocere a fuoco lento per 6-7 ore o fino a quando il pollo sarà tenero e i succhi saranno chiari.
2. Serve 4-6 persone.

Salsa per pasta con salsiccia di pollo a cottura lenta

INGREDIENTI

- 1 cucchiaio di olio d'oliva
- 4 spicchi d'aglio, schiacciati
- 1/2 tazza di cipolla tritata
- 1 peperone rosso tagliato a pezzetti
- 1 peperone verde tagliato a pezzetti
- 1 zucchina piccola, tritata
- 1 lattina (4 once) di funghi
- 1 confezione di pomodorini conditi italiani in umido
- 1 lattina (6 once) di concentrato di pomodoro
- 3 salsicce italiane dolci
- 4 petti di pollo disossati tagliati a mezze strisce
- 1 cucchiaino di condimento italiano •
- Scaglie di peperoncino rosso, a piacere, facoltativo

PREPARAZIONE

1. Scaldare l'olio in una padella. Friggere la cipolla e l'aglio fino a doratura. Rimuoverla.
2. Aggiungere la salsiccia; marrone su tutti i lati. Aggiungere il pollo e friggerlo fino a doratura. Scolare il grasso in eccesso. Tagliare la salsiccia in pezzi da 1 pollice. Mescolare tutti gli altri ingredienti con cipolla e aglio in una pentola a cottura

lenta. Aggiungete la salsiccia e guarnite con le striscioline di pollo. Coprire e cuocere a temperatura BASSA per 4-6 ore finché il pollo sarà tenero ma non asciutto.
3. Servite questa deliziosa salsa con la pasta cotta calda.
4. Serve 4.

Pollo al curry a cottura lenta

INGREDIENTI

- 2 petti di pollo interi, disossati e tagliati a dadini
- 1 lattina di zuppa di pollo
- 1/4 tazza di sherry secco
- 2 cucchiai. burro o margarina
- 2 cipollotti, tritati finemente
- 1/4 cucchiaino. Curry in polvere
- 1 cucchiaino. Sale
- Un pizzico di pepe
-

riso bollito caldo

PREPARAZIONE

1. Aggiungi il pollo nella pentola. Aggiungere tutti gli altri ingredienti tranne il riso. Coprire e cuocere a temperatura BASSA per 4-6 ore o a temperatura ALTA per 2-3 ore. Servire con riso caldo.

Pollo al curry con riso cotto lentamente

INGREDIENTI

- 4 petti di pollo disossati e senza pelle, tagliati a strisce o pezzi da 1 pollice
- 2 cipolle grandi tagliate in quarti e affettate sottilmente
- 3 spicchi d'aglio, tritati
- 1 cucchiaio di salsa di soia o tamari
- 1 cucchiaino di curry di Madras in polvere
- 2 cucchiaini di peperoncino in polvere
- 1 cucchiaino di curcuma
- 1 cucchiaino di zenzero macinato
- 1/3 tazza di brodo di pollo o acqua
- Sale e pepe nero appena macinato a piacere
-
riso bollito caldo

PREPARAZIONE

1. Unisci tutti gli ingredienti tranne il riso in una pentola a cottura lenta o in una pentola/ciotola.
2. Coprire e cuocere a fuoco lento fino a quando il pollo sarà tenero, dalle 6 alle 8 ore.
3. Assaggiate e aggiungete sale e pepe se necessario.
4. Servire con riso o pasta

Enchiladas di pollo a cottura lenta

INGREDIENTI

-
3 tazze di pollo cotto a dadini
- 3 tazze di formaggio misto messicano grattugiato con peperoni, divisi
- 1 lattina (4,5 once) di peperoncini verdi tritati
- 1/4 tazza di coriandolo fresco tritato
- 1 tazza e 1/2 di panna acida, divisa
- 8 tortillas di farina (8 pollici)
- 1 tazza di salsa di pomodoro
- Condimenti consigliati: pomodori a cubetti, cipolle verdi a fette, olive mature, anelli di jalapeno, coriandolo fresco tritato

PREPARAZIONE

1. Ungere leggermente il rivestimento di una pentola a cottura lenta da 4-6 litri.
2. In una ciotola, unisci il pollo a dadini con 2 tazze di formaggio grattugiato, peperoncini verdi tritati, 1/4 tazza di coriandolo tritato e 1/2 tazza di panna acida; mescolare gli ingredienti.
3. Versare un po' del composto di pollo al centro delle tortillas e dividere equamente il composto tra tutte e otto le tortillas. Arrotolarli e posizionarli con la cucitura rivolta verso il basso nella pentola a cottura lenta preparata.
4. Se necessario, impilare le tortillas.
5. In una piccola ciotola, mescolare il condimento con la rimanente 1 tazza di panna acida. Versare il composto sulle tortillas.
6. Coprire e cuocere a fuoco BASSO per 4 ore. Cospargere il formaggio grattugiato rimasto sulle tortillas. Mettete il coperchio e fate cuocere a fiamma BASSA per altri 20-30 minuti.
7. Serve 4-6 persone.

Fricassea di pollo a cottura lenta con verdure

INGREDIENTI

- 4-6 filetti di petto di pollo disossati e senza pelle
- Sale e pepe a piacere
- 2 cucchiai di burro
- 2 spicchi d'aglio, tritati
- 3 cucchiai di farina 00
- 2 tazze di brodo di pollo a basso contenuto di sodio
- 1 cucchiaino di foglie di timo essiccate
- 1/2 cucchiaino di foglie di dragoncello essiccate
- 3-4 carote, tagliate a pezzi di 5 cm
- 2 cipolle, tagliate a metà e tagliate a fette spesse
- 2 porri grandi, solo la parte bianca, lavati e tritati
- 1 foglia di alloro
- 1/2 tazza mezza o panna leggera
- 1 tazza e 1/2 di piselli surgelati, scongelati

PREPARAZIONE

1. Lavate il petto di pollo e asciugatelo. Mi hai messo da parte. Soffriggere l'aglio tritato nel burro per un minuto, quindi aggiungere la farina e friggere fino a ottenere un composto omogeneo. Aggiungi il brodo (puoi usare 1/4 di tazza di vino bianco secco o sherry invece di una parte del brodo), timo e dragoncello e mescola fino ad ottenere un composto denso. Aggiungi cipolle, carote, pollo e poi porri alla pentola di terracotta; Versare la salsa su tutto. Aggiungere la foglia di alloro. Coprire e cuocere a temperatura BASSA per 6-7 ore o a temperatura ALTA per 3-5 ore.
2. Se ha un punto di ebollizione basso, arrotolatelo, aggiungete i piselli a metà e metà e fateli sciogliere. Coprite e fate cuocere per altri 15 minuti finché i piselli non saranno ben cotti. Assaggia e aggiusta i condimenti. Togliere la foglia di alloro prima di servire.
3. Serve 4-6 persone.

Pollo arrosto in una pentola a cottura lenta con salsa piccante

INGREDIENTI

- 1/2 secondo di succo di pomodoro
- 1/2 secondo di salsa di soia
- 1/2 secondo di zucchero di canna
- 1/4 secondo di zuppa di pollo
- 3 spicchi d'aglio, tritati
- 3-4 libbre di pezzi di pollo senza pelle

PREPARAZIONE

1. Mescolare tutti gli ingredienti tranne il pollo in una ciotola profonda. Immergi ogni pezzo di pollo nella salsa. Aggiungi alla pentola a cottura lenta. Versarvi sopra la salsa rimanente. Cuocere a fuoco basso per 6-8 ore, oppure a fuoco alto per 3-4 ore.
2. 6 porzioni.

Pollo Madras a cottura lenta con curry in polvere

INGREDIENTI

- 3 cipolle rosse, affettate sottilmente
- 4 mele, sbucciate, senza torsolo e affettate sottilmente
- 1 cucchiaino di sale
- 1 o 2 cucchiaini di curry in polvere oa piacere
- 1 pezzo di pollo fritto tagliato a pezzi
- Paprica

PREPARAZIONE

1. Unisci cipolla e mela in una ciotola; Cospargere di sale e curry in polvere. Mescolare bene. Posizionare la pelle del pollo con la pelle rivolta verso il basso sopra il composto di cipolle. Cospargere generosamente con paprika.
2. Coprite e fate cuocere a fuoco basso per 6-8 ore finché il pollo sarà tenero.
3. Assaggia e aggiungi altri ingredienti secondo necessità.
4. Serve 4.

Pollo con funghi a cottura lenta

INGREDIENTI

- 6 metà di petto di pollo disossate e senza pelle
- 1 1/4 cucchiaini di sale
- 1/4 cucchiaino di pepe
- 1/4 cucchiaino di paprika
- 1 cucchiaino e 3/4 di brodo di pollo, aromatizzato in pellet o a base di pollo
- 1 tazza e 1/2 di funghi freschi affettati
- 1/2 tazza di cipolle verdi, affettate, con verdure
- 1/2 bicchiere di vino bianco secco
- 1/2 tazza di latte condensato
- 5 cucchiaini di amido di mais
- prezzemolo fresco tritato

PREPARAZIONE

1. Lavare il pollo e asciugarlo. Mescolare sale, pepe e paprika in una ciotola. Strofina il composto su tutti i lati del pollo. Alternare il riscaldamento del pollo, della grana o del brodo, dei funghi e degli scalogni in una pentola a cottura lenta. Versare il vino lentamente. Non mescolare gli ingredienti. Coprire e cuocere a fuoco alto per 2 ore e mezza o 3 ore, o a fuoco basso per 5-6 ore, o fino a quando il pollo sarà tenero ma non si sfalderà.

2. Usando una schiumarola, trasferisci il pollo e le verdure in una ciotola o un piatto. Coprite con un foglio di alluminio e mantenete il pollo al caldo. Unisci il latte condensato e l'amido di mais in un pentolino e mescola fino a ottenere un composto omogeneo. Aggiungere gradualmente 2 tazze del liquido di cottura. Mescolare a fuoco medio e portare a ebollizione; Continuare la cottura per 1 minuto o finché non si sarà addensato. Versare un po' di salsa sul pollo e guarnire con prezzemolo se lo si desidera. Servire con riso caldo o pasta a piacere.

Cordon bleu. cottura lenta

INGREDIENTI

- 6 metà di petto di pollo disossate e senza pelle – tritate finemente per appiattirle leggermente
- 6 fette sottili di prosciutto
- 6 fette sottili di formaggio svizzero
- Da 1/4 a 1/2 tazza di farina per rivestire
- Funghi affettati da 1/2 libbra
- 1/2 tazza di brodo di pollo
- 1/2 tazza di vino bianco secco (o utilizzare brodo di pollo)
- 1/2 cucchiaino di rosmarino tritato
- 1/4 tazza di parmigiano grattugiato
- Mescolare 2 cucchiaini di amido di mais con 1 cucchiaio di acqua fredda
- Sale e pepe a piacere

PREPARAZIONE

1. Adagiate su ogni petto di pollo appiattito una fetta di prosciutto e una di formaggio e arrotolate. Fissare con uno stuzzicadenti e passare ciascuno nella farina. Aggiungi i funghi nella pentola a cottura lenta, quindi i petti di pollo. Mescolare il brodo, il vino (se utilizzato) e il rosmarino; versare sopra il pollo. Cospargere di parmigiano. Coprire e cuocere a fuoco basso per 6-7 ore. Rimuovere il pollo appena prima di servire; tienilo al caldo.

2. Aggiungi la miscela di amido di mais ai succhi nella pentola a cottura lenta. mescolare finché non si addensa. Condire con sale e pepe, quindi assaggiare e aggiustare il condimento di conseguenza. Versare la salsa sui petti di pollo e servire.
3. Serve 6.

Pollo Digione in una pentola a cottura lenta

INGREDIENTI

- 4 metà di petto di pollo disossate

- 1 cucchiaio di senape di Digione con miele
- Sale e pepe nero o pimento macinati grossolanamente
- 2 confezioni (8 once ciascuna) di spinaci novelli o 1 libbra di foglie di spinaci freschi, lavate e asciugate
- 2 cucchiai di burro, tritato
- Coriandolo fresco o prezzemolo tritati finemente, facoltativi

- mandorle tostate e affettate, facoltativo

PREPARAZIONE

1. Ungere la pentola a cottura lenta o spruzzarla con spray da cucina antiaderente.
2. Lavate il petto di pollo e asciugatelo.
3. Strofina il pollo con senape al miele; Aggiungi sale e pepe.
4. Disporre i petti di pollo nella pentola a cottura lenta. Guarnire con spinaci.
5. Se la pentola a cottura lenta è troppo piccola per tutti gli spinaci, fate sobbollire brevemente e aggiungete le foglie di spinaci attorcigliate.
6. Mescolare gli spinaci con il burro e condire con sale e pepe.
7.

8. Prima di servire, guarnire con coriandolo o prezzemolo, oppure cospargere con mandorle tostate.
9. Coprire e cuocere a fuoco BASSO per 5-6 ore.

• Per tostare le mandorle, metterle in una padella asciutta a fuoco medio. Cuocere fino a quando saranno leggermente dorati e fragranti, mescolando continuamente.

Pollo al limone a cottura lenta

INGREDIENTI

- 1 filetto tritato o circa 3 libbre e mezzo di pezzi di pollo
- 1 cucchiaino di foglie di origano secco tritato
- 2 spicchi d'aglio, tritati
- 2 cucchiai di burro
- 1/4 tazza di vino secco, sherry, brodo di pollo o acqua
- 3 cucchiai di succo di limone
- Sale pepe

PREPARAZIONE

1. Condire i pezzi di pollo con sale e pepe. Cospargere metà dell'aglio e dell'origano sul pollo.
2. Sciogliere il burro in una padella a fuoco medio e rosolare il pollo su tutti i lati.
3. Trasferisci il pollo nella pentola. Cospargere con l'origano e l'aglio rimanenti. Aggiungi il vino o lo sherry nella padella e mescola per sciogliere i pezzetti marroni. Versare nella pentola a cottura lenta.
4. Coprire e cuocere a BASSA temperatura (200°) per 7-8 ore. Aggiungere il succo di limone nell'ultima ora.
5. Togliere il grasso dai succhi nella padella e versarli in una ciotola. Addensiamo i succhi come desiderato.
6. Servire il pollo con il suo sugo.
7. Serve 4.

Pollo stirato a cottura lenta

INGREDIENTI

- 1 cucchiaio di burro

- 1 tazza di cipolla tritata

- 1/2 cucchiaino di aglio tritato

- 1 tazza e 1/2 di ketchup
- 1/2 tazza di marmellata o confettura di albicocche
- 3 cucchiai di aceto di mele
- 2 cucchiai di salsa Worcestershire
- 2 cucchiaini di fumo liquido
- 2 cucchiai di melassa
- un pizzico di pimento
- 1/4 cucchiaino di pepe nero appena macinato
- 1/8-1/4 cucchiaino di pepe di cayenna macinato
- 1 libbra di petto di pollo disossato
- 1 libbra di cosce di pollo disossate

PREPARAZIONE

1. Sciogliere il burro in una casseruola media a fuoco medio. Quando il burro inizia a bollire, aggiungere la cipolla tritata e cuocere, mescolando, finché la cipolla non si ammorbidisce e diventa leggermente dorata. Aggiungere l'aglio tritato e cuocere, mescolando, per circa 1 minuto. Aggiungi ketchup, marmellata di albicocche, aceto, salsa Worcestershire, fumo liquido, melassa, pimento, pepe nero e pepe di cayenna. Far bollire per 5 minuti.
2. Versare 1 tazza e 1/2 di salsa nell'inserto della pentola a cottura lenta.
3. Prenota la salsa avanzata; Trasferire in una ciotola e conservare in frigorifero fino al momento di servire. Aggiungi i pezzi di pollo nella pentola a cottura lenta. Coprire e cuocere a fuoco basso per 4 ore e mezza o 5 ore, o fino a quando il pollo sarà molto tenero e si sfalderà facilmente. Sminuzzare i pezzi di pollo con una forchetta.
4. Servire su panini tostati con insalata di cavolo e salsa barbecue extra.
5. Il menu può includere insalata di patate o patate al forno, oltre a fagioli al forno, cetrioli e fette di pomodoro. Mi piacciono l'insalata di cavolo e i sottaceti alla griglia, ma altri condimenti potrebbero includere anelli di jalapeno, cipolle rosse affettate sottilmente, cavolo semplice e pomodori o cetrioli a dadini.
6. Serve 8.

Salsiccia affumicata e cavolo

INGREDIENTI

-
1 cavolo cappuccio piccolo, tagliato grossolanamente

-
1 cipolla grande, tritata grossolanamente

- Salsiccia kielbasa polacca o affumicata da 1 1/2 a 2 libbre, tagliata in pezzi da 1 a 2 pollici

- 1 bicchiere di succo di mela

- 1 cucchiaio di senape di Digione

- 1 cucchiaio di aceto di mele

- 1 o 2 cucchiai di zucchero di canna

- 1 cucchiaino di cumino, facoltativo

- Pepe a piacere

PREPARAZIONE

1. Metti il cavolo, la cipolla e la salsiccia in una pentola a cottura lenta da 5 o 6 quart (usa meno cavolo o bietola per una pentola da 3 1/2 quart, cuoci per circa 10 minuti, quindi scola e aggiungi). Unisci succo, senape, aceto, zucchero di canna e cumino (se utilizzato); Versare gli ingredienti nella pentola a cottura lenta. Spolverare con pepe a piacere. Coprite e fate cuocere a fuoco basso per 8-10 ore. Se lo si desidera, servire con patate fritte e insalata verde.

Pollo spagnolo con riso

INGREDIENTI

- 4 metà di petto di pollo senza pelle
- 1/4 cucchiaino di sale
- 1/4 cucchiaino di pepe
- 1/4 cucchiaino di paprika
- 1 cucchiaio di olio vegetale
- 1 cipolla rossa media, tritata
- 1 peperoncino rosso piccolo, tritato (o peperone rosso arrostito tritato)
- 3 spicchi d'aglio, tritati
- 1/2 cucchiaino di rosmarino essiccato
- 1 lattina (14 1/2 once) di pomodori a cubetti
- 1 confezione (10 once) di piselli surgelati

PREPARAZIONE

1. Condire il pollo con sale, pepe e paprika. Scaldare l'olio in una padella a fuoco medio e rosolare il pollo su tutti i lati. Trasferisci il pollo nella pentola a cottura lenta.
2. Mescolare il resto degli ingredienti, tranne i piselli surgelati, in una piccola ciotola. Versare sopra il pollo. Coprire e cuocere a fuoco basso per 7-9 ore o a fuoco alto per 3-4 ore. Un'ora prima di servire, sciacquare i piselli in uno scolapasta sotto l'acqua tiepida per scongelarli, quindi aggiungerli nella pentola. Servire questo piatto di pollo sopra riso cotto caldo.

Cosce di pollo alla griglia Tami

INGREDIENTI

- 6-8 cosce di pollo congelate

- 1 bottiglia di salsa barbecue densa

PREPARAZIONE

1. Metti le cosce di pollo congelate nella pentola a cottura lenta. Condire con salsa barbecue. Coprire e cuocere a ALTA per 6-8 ore.
2. • Nota: se si inizia con le cosce di pollo scongelate, è possibile rimuovere prima la pelle o cuocerle a vapore per ridurre il grasso, quindi cuocerle a temperatura BASSA per 6-8 ore.

Mozzarella di pollo Crockpot di Tami

INGREDIENTI

- 4 quarti di coscia di pollo
- 2 cucchiai di condimento all'aglio e pepe
- 1 lattina di zucchine al sugo di pomodoro
- 4 once di mozzarella grattugiata

PREPARAZIONE

1. Metti il pollo nella pentola a cottura lenta e irroralo con la salsa. Versare le zucchine con salsa di pomodoro sul pollo. Coprire e cuocere a fuoco BASSO per 6-8 ore. Cospargere di formaggio e cuocere finché il formaggio non si scioglie, circa 30 minuti.

Chili di pollo bianco

INGREDIENTI

- 4 petti di pollo disossati e senza pelle, tagliati in pezzi da 1/2 pollice
- 1/2 tazza di sedano tritato
- 1/2 tazza di cipolla tritata
- 2 lattine (14,5 once ciascuna) di pomodori in umido, tagliati a dadini
- 16 once. med. Salsa o salsa piccante
- 1 barattolo di ceci o fagioli rossi, scolati
- 6-8 once. funghi affettati
- Olio d'oliva

PREPARAZIONE

1. Friggere il pollo in 1 cucchiaio di olio d'oliva. Tagliare il sedano, la cipolla e i funghi a pezzetti. Unisci tutti gli ingredienti in una grande pentola a cottura lenta; Mescolare e cuocere a fuoco lento per 6-8 ore. Servire con pane tostato o tacos. • Se ti piace la salsa piccante, usa salsa piccante o salsa piccante.

Pollo e fagioli neri a cottura lenta

INGREDIENTI

- 3-4 petti di pollo disossati tagliati a listarelle
- 1 lattina (12-15 once) di mais, sgocciolato
- 1 lattina (15 once) di fagioli neri, sciacquati e scolati
- 2 cucchiaini di cumino macinato
- 2 cucchiaini di peperoncino in polvere
- 1 cipolla tagliata a metà e affettata sottilmente
- 1 peperone verde tagliato a listarelle
- 1 lattina (14,5 once) di pomodori a cubetti
- 1 lattina (6 once) di concentrato di pomodoro

PREPARAZIONE

1. Mescolare tutti gli ingredienti in una pentola a cottura lenta. Coprire e cuocere a fuoco basso per 5-6 ore.
2. Guarnire con formaggio grattugiato a piacere. Servire la festa di pollo e fagioli neri con tortillas di farina calde o sopra il riso.
3. Serve 4.

Pollo e spezie, cottura lenta

INGREDIENTI

- 1 busta di miscela per ripieno stagionato, 14-16 once
- 3-4 tazze di pollo cotto a dadini
- 3 lattine di zuppa di pollo
- 1/2 tazza di latte
- 1 o 2 tazze di formaggio cheddar delicato e grattugiato

PREPARAZIONE

1. Preparare il ripieno secondo le istruzioni riportate sulla confezione e metterlo in una pentola da 5 litri. Mescolare 2 lattine di crema di zuppa di pollo. Mescolare in una ciotola i cubetti di pollo, 1 confezione di crema di pollo e il latte. Distribuire il ripieno sulla pentola a cottura lenta. Cospargere il formaggio sopra. Coprite e fate cuocere a fuoco basso per 4-6 ore, oppure a fuoco alto per 2-3 ore.
2. Per 6-8 persone.

Pollo e funghi, cottura lenta

INGREDIENTI

- 6 metà di petto di pollo disossate e senza pelle
- 1 cucchiaino e 1/4. Sale
- 1/4 cucchiaino. pepe
- 1/4 cucchiaino. paprica
- 2 cucchiaini di zuppa di pollo granulare
- 1 tazza e 1/2 di funghi a fette
- 1/2 tazza di cipolla verde tritata
- 1/2 bicchiere di vino bianco secco
- 2/3 tazza di latte condensato
- 5 pezzi. Amido di mais
- Prezzemolo fresco tagliato
-

riso bollito caldo

PREPARAZIONE

1. Mescolare sale, pepe e paprika in una piccola ciotola. Strofina il composto su tutto il pollo.
2. Cottura alternativa di pollo, brodo, funghi e scalogno nella pentola a cottura lenta. Versarci sopra il vino. NON BELLO.
3. Coprire e cuocere a fuoco ALTO per 2 1/2-3 ore o a BASSO per 5-6 ore, o fino a quando il pollo sarà tenero ma non si staccherà dall'osso. Se possibile, a metà cottura spennellate con il burro.

4. Usando una schiumarola, trasferisci il pollo e le verdure in un piatto.
5. Coprire con pellicola e tenere al caldo.
6. In un pentolino, mescolare il latte condensato e l'amido di mais fino ad ottenere un composto omogeneo. Aggiungere gradualmente 2 tazze del liquido di cottura. Portare a ebollizione a fuoco medio, mescolando e cuocere a fuoco basso finché non si addensa, 1-2 minuti.
7. Versare un po' di salsa sul pollo e guarnire con prezzemolo tritato. Servire la salsa rimanente a parte.
8. Servire con riso bollito caldo.

Pollo e riso alla parmigiana, cottura lenta

INGREDIENTI

- 1 busta di zuppa mista di cipolle
- 1 lattina (10 3/4 once) di zuppa di funghi concentrata a basso contenuto di grassi
- 1 lattina (10 3/4 once) di brodo di pollo condensato a basso contenuto di grassi
- 1 tazza e 1/2 di latte magro o senza grassi
- 1 bicchiere di vino bianco secco
- 1 tazza di riso bianco
- 6 metà di petto di pollo disossate e senza pelle
- 2 cucchiai di burro
- 2/3 tazza di parmigiano grattugiato

PREPARAZIONE

1. Mescolare la zuppa di cipolle, la vellutata, il latte, il vino e il riso. Vaso spray in argilla, ad es. Mettete i petti di pollo in una ciotola, guarnite con 1 cucchiaino di burro, versateci sopra il composto della zuppa e spolverizzate con il parmigiano. Cuocere a fuoco basso per 8-10 ore o a fuoco alto per 4-6 ore. Serve 6.

Pollo e gamberi

INGREDIENTI

- 2 chili di cosce e petti di pollo disossati e senza pelle, tagliati a pezzi
- 2 cucchiai di olio extra vergine di oliva
- 1 tazza di cipolla tritata
- 2 spicchi d'aglio, tritati
- 1/4 tazza di prezzemolo, tritato
- 1/2 bicchiere di vino bianco
- 1 lattina grande (15 once) di salsa di pomodoro
- 1 cucchiaino di foglie di basilico essiccate
- 1 libbra di gamberetti crudi, sgusciati e privati della carne
- Sale e pepe nero appena macinato a piacere
- 1 libbra di fettuccine, linguine o spaghetti

PREPARAZIONE

1. Scaldare l'olio d'oliva in una padella larga o antiaderente a fuoco medio-alto. Aggiungete i pezzi di pollo e fateli rosolare finché saranno leggermente dorati. Rimuovi il pollo dalla pentola a cottura lenta.
2. Versate un filo d'olio nella padella e fate soffriggere la cipolla, l'aglio e il prezzemolo per circa 1 minuto. Togliere dal fuoco e mantecare con il vino, la salsa di pomodoro e il basilico essiccato. Versare il composto sul pollo nella pentola a cottura lenta.
3. Coprire e cuocere a fuoco BASSO per 4-5 ore.

4. Aggiungete i gamberi, coprite e cuocete a fuoco BASSO per circa un'altra ora.
5. Condire con sale e pepe nero appena macinato.
6. Subito prima della cottura, cuocere la pasta in acqua salata come indicato sulla confezione.

Ricetta pollo e ripieno

INGREDIENTI

- 4 metà di petto di pollo disossate e senza pelle
- 4 fette di formaggio svizzero
- 1 lattina (10 1/2 once) di crema di zuppa di pollo
- 1 lattina (10 1/2 oz) di zuppa di funghi concentrata
- 1 tazza di brodo di pollo
- 1/4 tazza di latte
- 2-3 tazze di miscela per ripieno di verdure Pepperidge Farm o miscela per ripieno fatta in casa
- 1/2 tazza di burro fuso. • Vedi le note di Sandy
- Sale e pepe a piacere

PREPARAZIONE

1. Condire i petti di pollo con sale e pepe; Metti i petti di pollo nella pentola a cottura lenta.

2. Versare il brodo di pollo sui petti di pollo.

3. Metti una fetta di formaggio svizzero su ogni petto.

4. Mescolare i due barattoli di zuppa e il latte. Ricoprire i petti di pollo con il composto della zuppa.

5. Cospargere il tutto con il composto di ripieno. Spalmare sopra il burro fuso.

6. Cuocere a fuoco basso per 6-8 ore.

Petto di pollo in salsa creola-creola

INGREDIENTI

- 1 mazzetto di cipollotti (6-8, con la maggior parte della parte verde)
- 2 fette di pancetta
- 1 cucchiaino di condimento creolo o cajun
- 3 cucchiai di burro
- 4 cucchiai di farina
- 3/4 tazza di brodo di pollo
- 1 o 2 cucchiai di passata di pomodoro
- 4 metà di petto di pollo disossate
- Da 1/4 a 1/2 tazza, mezza o mezza tazza di latte

PREPARAZIONE

1. Sciogliere il burro in una padella a fuoco medio-basso. Aggiungere la cipolla e la pancetta, soffriggere e mescolare

per 2 minuti. Aggiungere la farina, mescolare e cuocere per altri 2 minuti. Aggiungi il brodo di pollo; cuocere finché non si addensa, quindi aggiungere il concentrato di pomodoro. Metti i petti di pollo nella pentola a cottura lenta. Aggiungere il composto di salsa. Coprite e fate cuocere a fuoco basso per 6-7 ore, mescolando dopo 3 ore. Aggiungere il latte per circa 20-30 minuti prima di continuare. Servire su pasta o riso.
2. Serve 4.

Pollo al peperoncino con hominy

INGREDIENTI

- 1 kg di petti di pollo disossati e senza pelle, tagliati in pezzi da 1 a 1 1/2 pollice
- 1 cipolla rossa media, tritata
- 3 spicchi d'aglio, tagliati a fettine sottili
- 1 lattina (15 once) di hominy bianco, scolato
- 1 lattina (14 once) di pomodori a cubetti, scolati
- 1 lattina (28 once) di pomodori, scolati e tagliati
- 1 lattina (4 once) di peperoncini verdi delicati

PREPARAZIONE

1. Unisci tutti gli ingredienti in una pentola a cottura lenta; mescolare tutti gli ingredienti. Coprire e cuocere a fuoco basso per 7-9 ore, oppure a fuoco alto per 4-4,5 ore.
2. Serve 4-6 persone.

Gioia di pollo

INGREDIENTI

- 6-8 filetti di petto di pollo disossati e senza pelle
- Succo di limone
- Sale e pepe a piacere
- Sale di sedano o sale aromatizzato a piacere
- Paprica a piacere
- 1 confezione di crema di sedano
- 1 lattina di zuppa di funghi
- 1/3 bicchiere di vino bianco secco
- parmigiano grattugiato a piacere
- riso cotto

PREPARAZIONE

1. Risciacquare il pollo; Condire a secco con succo di limone, sale, pepe, sale di sedano e paprika. Metti il pollo nella pentola a cottura lenta. In una ciotola media, unisci la zuppa e il vino. Versare sopra i petti di pollo. Cospargere di parmigiano. Coprire e cuocere a fuoco basso per 6-8 ore. Servire il pollo con la salsa sopra il riso cotto caldo e spolverare con il parmigiano.
2. Serve 4-6 persone.

Enchiladas di pollo a cottura lenta

INGREDIENTI

- 1 confezione. Petto di pollo (1-1 1/2 libbre)
- 1 bottiglia di salsa di pollo
- 1 lattina da 4 once di peperoncini verdi tritati
- 1 cipolla tritata
- Tortillas di mais
- formaggio grattugiato

PREPARAZIONE

1. Unisci il pollo, la salsa, i peperoncini verdi e le cipolle tritate in una pentola a cottura lenta. Coprire e cuocere a fuoco BASSO per 5-6 ore. Togliere il pollo dalla salsa e affettarlo. Riempire le tortillas di mais con pollo e salsa. Cospargere con formaggio grattugiato e arrotolare. Mettilo in una padella. Versare sopra la salsa in eccesso e cospargere con formaggio grattugiato. Cuocere in forno a 350 gradi per circa 15-20 minuti.
2. Serve 4-6 persone.

Pollo alla Las Vegas

INGREDIENTI

- 6 metà di petto di pollo disossate e senza pelle
- 1 lattina di zuppa di funghi
- 1/2 pinta. panna acida
- 1 barattolo (6 once) di carne secca e macinata

PREPARAZIONE

1. Mescolare la zuppa, la panna acida e la carne secca. Immergere il pollo nel composto e ricoprirlo bene; posto in un contenitore. Versare il composto rimanente sul pollo. Coprire e cuocere a fuoco basso per 5-7 ore, finché il pollo sarà tenero ma non asciutto. Servire con riso o pasta caldi.
2. Serve 6.

Pollo Parigi per la cottura lenta

INGREDIENTI

- 6-8 petti di pollo
- Sale, pepe e paprika
- 1/2 bicchiere di vino bianco secco
- 1 lattina (10 1/2 oz.) di crema di funghi
- 8 once di funghi a fette
- 1 bicchiere di panna acida
-

1/4 tazza di farina

PREPARAZIONE

1. Condire i petti di pollo con sale, pepe e paprika. Lo mettiamo in una pentola a cottura lenta. Mescolare il vino, il brodo e i funghi fino a quando non saranno ben amalgamati. Versare sopra il pollo. Cospargere con paprika. Coprite e lasciate cuocere per 6-8 ore finché il pollo sarà tenero ma non troppo asciutto. Mescolare la panna dolce e la farina; mettilo nel contenitore. Lasciamo cuocere per altri 20 minuti finché il tutto non sarà ben caldo.
2. Servire con riso o pasta.
3. Per 6-8 persone.

Casseruola di pollo Reuben, pentola a cottura lenta

INGREDIENTI

- 32 once di crauti (in barattolo o sacchetto), sciacquati e scolati
- 1 tazza di salsa russa
- 4-6 filetti di petto di pollo disossati e senza pelle
- 1 cucchiaio di senape preparata
- 1 tazza di formaggio svizzero o Monterey Jack grattugiato

PREPARAZIONE

1. Distribuire metà dei crauti sul fondo della pirofila. Irrorare con 1/3 di tazza di condimento; Disporre sopra 2 o 3 petti di pollo e spennellare il pollo con la senape. Guarnire con i restanti crauti e il petto di pollo; Versare un'altra tazza di salsa su tutto, riservando la salsa rimanente per servire.
2. Coprire e cuocere a fuoco lento fino a quando il pollo sarà tenero, circa 4 ore. Cospargere con formaggio svizzero e cuocere fino a quando il formaggio si scioglie.
3. Servire con salsa riservata.
4. Serve 4-6 persone.

Pollo ai mirtilli

INGREDIENTI

- 6 filetti di petto di pollo disossati e senza pelle

- 1 cipolla piccola, tritata finemente

- 1 tazza di mirtilli freschi

- 1 cucchiaino di sale

- 1/4 cucchiaino di cannella in polvere

- 1/4 cucchiaino di zenzero macinato

- 3 cucchiai di zucchero di canna o miele

- 1 tazza di succo d'arancia

- Mescolare 3 cucchiai di farina con 2 cucchiai di acqua fredda

PREPARAZIONE

1. Aggiungi tutti gli ingredienti tranne la miscela di farina e acqua nella pentola a cottura lenta o nella pentola. Coprite e lasciate cuocere per 6-7 ore finché il pollo sarà tenero. Negli ultimi 15-20 minuti aggiungete il composto di farina e fate cuocere finché non si addensa. Assaggia e aggiusta i condimenti.
2. Serve 4.

Pollo con salsa e sugo, cottura lenta

INGREDIENTI

- 1 confezione (6 once) di briciole di ripieno condite ("miscela per ripieno alla piastra")

- 1 patata grande, tagliata a cubetti

- 1 mazzo di cipolline, tritate

- 2 gambi di sedano tritati

- 1/2 tazza d'acqua

- 3 cucchiai di burro, divisi

- 1 cucchiaino di condimento per pollame, diviso

- Da 1 a 1 1/2 libbre di braciole di pollo o petti disossati

- 1 vasetto (12 once) di salsa di pollo, ad es. B. Heinz Salsa di pollo fatta in casa

PREPARAZIONE

1. In una pentola di terracotta leggermente oliata o cosparsa, mescolare le briciole di ripieno con le patate a dadini, le cipolle verdi, il sedano, 2 cucchiai di burro fuso e 1/2 tazza d'acqua. Cospargere con circa mezzo cucchiaino di condimento per pollame. Riempimento superiore con pezzi di pollo; Condire con il burro rimanente e il condimento per pollame. Versare la salsa sul pollo. Coprire e cuocere a fuoco basso per 6-7 ore.

Pollo con pasta e formaggio Gouda affumicato

INGREDIENTI

- 1 1/2 libbra di pollo tenero e disossato
- 2 zucchine più piccole, dimezzate e tagliate a fette spesse 1/4 di pollice
- 1 confezione di mix di zuppa di pollo (circa 1 oncia)
- 2 cucchiai d'acqua
- Sale e pepe a piacere
- un pizzico di noce moscata macinata, preferibilmente fresca
- 8 once di formaggio Gouda affumicato, grattugiato
- 2 cucchiai di latte condensato o panna liquida
- 1 pomodoro grande, tagliato a pezzi
- 4 tazze di pasta cotta o pasta piccola con conchiglia

PREPARAZIONE

1. Tagliare il pollo a cubetti da 1 pollice; posto in un contenitore. Aggiungere le zucchine, la salsa, l'acqua e le

spezie. Coprire e cuocere a fuoco basso per 5-6 ore. Negli ultimi 20 minuti o durante la cottura della pasta aggiungere il Gouda affumicato, il latte o la panna e i pomodorini a pezzetti. Mantecare la pasta cotta calda.
2. Ricetta pollo per 4 persone.

Pollo con cipolle e funghi, cottura lenta

INGREDIENTI

- 4-6 petti di pollo disossati, tagliati in pezzi da 1 pollice
- 1 lattina (10 3/4 once) di crema di pollo o zuppa di pollo e funghi
- 8 once di funghi a fette
- 1 busta (16 once) di scalogno congelato
- Sale e pepe a piacere
- Prezzemolo tritato per la decorazione

PREPARAZIONE

1. Lavare il pollo e asciugarlo. Tagliare a pezzi da 1/2 pollice e metterli in una grande ciotola. Aggiungi brodo, funghi e cipolle; Mescolalo. Spruzzare l'inserto della pentola a cottura lenta con spray da cucina.
2. Aggiungere il composto di pollo nella pentola e cospargere di sale e pepe.
3. Coprire e cuocere a fiamma BASSA per 6-8 ore, mescolando se possibile a metà cottura.
4. Guarnire con prezzemolo fresco tritato e servire con riso bollito caldo o patate.
5. Serve 4-6 persone.

Pollo all'ananas

INGREDIENTI

- Bocconcini di pollo da 1 a 1 1/2 libbre, tagliati in pezzi da 1 pollice
- 2/3 tazza di marmellata di ananas
- 1 cucchiaio più 1 cucchiaino di salsa teriyaki
- 2 spicchi d'aglio affettati sottili
- 1 cucchiaio di cipolla secca tritata (o 1 mazzetto di scalogno fresco tritato)
- 1 cucchiaio di succo di limone
- 1/2 cucchiaino di zenzero macinato
- un pizzico di pepe di cayenna a piacere
- 1 confezione (10 once) di piselli canditi, scongelati

PREPARAZIONE

1. Metti i pezzi di pollo nella pentola a cottura lenta.
2. Unisci le conserve, la salsa teriyaki, l'aglio, la cipolla, il succo di limone, lo zenzero e il pepe di Caienna; mescolare bene. Versare sopra il pollo e mescolare fino a ricoprirlo.
3. Coprire e cuocere a fuoco lento per 6-7 ore. Aggiungere i piselli negli ultimi 30 minuti.
4. Serve 4.

Capitan Country Pollo

INGREDIENTI

- 2 mele Granny Smith medie, senza torsolo e tagliate a dadini (con la buccia)

- 1/4 tazza di cipolla tritata

- 1 peperone verde piccolo, senza semi e tritato

- 3 spicchi d'aglio, tritati

- 2 cucchiai di uva passa o ribes

- 2 o 3 cucchiaini di curry in polvere

- 1 cucchiaino di zenzero macinato

- 1/4 cucchiaino di pepe rosso macinato oa piacere

- 1 lattina (circa 14 1/2 once) di pomodori a cubetti

- 6 metà di petto di pollo disossate e senza pelle

- 1/2 tazza di brodo di pollo

- 1 tazza di riso bianco convertito in riso a grani lunghi

- 1 libbra di gamberetti medi o grandi, sgusciati e privati della carne, crudi, facoltativi

- 1/3 tazza di mandorle a scaglie

- sale kosher

- Prezzemolo tritato

PREPARAZIONE

1. In una pentola a cottura lenta da 4 a 6 litri, unisci mela a cubetti, cipolla, peperone, aglio, uvetta o ribes dorati, curry in polvere, zenzero e peperoncino macinato; Incorporate i pomodori.
2. Metti il pollo sopra il composto di pomodoro, coprendo leggermente i pezzi. Versare il brodo di pollo sulle metà del petto di pollo. Coprire e cuocere a temperatura BASSA finché il pollo non sarà molto tenero quando viene forato con una forchetta, circa 4-6 ore.
3. Metti il pollo su un piatto riscaldante, copri leggermente e mantienilo al caldo in un forno a 400 ° F o in uno scaldavivande.
4. Mescolare il riso nel liquido di cottura. Aumentare la temperatura al massimo; coprire e cuocere, mescolando una o due volte, fino a quando il riso sarà quasi tenero, circa 35 minuti. Incorporare i gamberetti, se utilizzati; Coprire e cuocere per altri 15 minuti finché il centro dei gamberi non sarà opaco. assegno ritagliato.
5. Nel frattempo, friggere le mandorle in una piccola padella antiaderente a fuoco medio, mescolando di tanto in tanto, fino a doratura. Mi hai messo da parte.
6. Al momento di servire, condire il composto di riso con sale. Disporre in una ciotola calda; Metti il pollo sopra. Cospargere con prezzemolo e mandorle.

Pollo e funghi di campagna

INGREDIENTI

- 1 bottiglia di salsa country

- 4-6 petti di pollo

- 8 once di funghi a fette

- Sale e pepe a piacere

PREPARAZIONE

1. Mescolare tutti gli ingredienti; Coprire e cuocere a fuoco lento per 6-7 ore. Servire con riso o pasta.
2. Serve 4-6 persone.

P

Ollo ai mirtilli

INGREDIENTI

- 2 chili di petti di pollo disossati e senza pelle
- 1/2 tazza di cipolla tritata
- 2 cucchiaini di olio vegetale
- 2 cucchiaini di sale
- 1/2 cucchiaino di cannella in polvere
- 1/4 cucchiaino di zenzero macinato
- 1/8 cucchiaino di noce moscata macinata
- pimento macinato finemente
- 1 bicchiere di succo d'arancia
- 2 cucchiaini di scorza d'arancia grattugiata finemente
- 2 tazze di mirtilli freschi o congelati
- 1/4 tazza di zucchero di canna

PREPARAZIONE

1. Fate soffriggere nell'olio i pezzi di pollo e la cipolla; cospargere di sale.
2. Aggiungi il pollo fritto, la cipolla e gli altri ingredienti nella pentola.
3. Coprire e cuocere a fuoco BASSO per 5 1/2-7 ore.
4. Se necessario, a fine cottura, addensare il succo con un composto composto da circa 2 cucchiai di amido di mais e 2 cucchiai di acqua fredda.

Pollo italiano cremoso

INGREDIENTI

- 4 metà di petto di pollo disossate e senza pelle
- 1 busta di condimento per insalata italiano
- 1/3 di tazza d'acqua
- 1 confezione (8 once) di crema di formaggio, ammorbidita
- 1 lattina (10 3/4 once) di crema condensata di brodo di pollo, non diluita
- 1 lattina (4 once) di gambi e pezzi di funghi, sgocciolati
- Riso o pasta cotti caldi

PREPARAZIONE

1. Metti le metà del petto di pollo nella pentola a cottura lenta. Unisci il condimento per l'insalata e l'acqua; versare sopra il pollo. Coprire e cuocere a fuoco BASSO per 3 ore. In una piccola ciotola, mescolare insieme la crema di formaggio e la zuppa fino a quando non saranno ben amalgamati. Aggiungere i funghi. Versare il composto di crema di formaggio sul pollo. Cuocere per altre 1-3 ore o fino a quando i succhi del pollo saranno spariti. Servire il pollo italiano con riso o pasta cotta calda.
2. Serve 4.

Lasagne al pollo

INGREDIENTI

- 2 grandi metà di petto di pollo disossate
- 2 gambi di sedano tritati finemente
- 1 cipolla piccola, tritata finemente o 1 o 2 cucchiai di cipolla secca, tritata
- 1/2 cucchiaino di timo
- Sale e pepe a piacere
- 6-9 lasagne
- 1 confezione di spinaci surgelati, scongelati e strizzati
- 6 once di funghi freschi, tagliati a fette spesse o 1 da 4 a 8 once in scatola
- 1 tazza e 1/2 di formaggio cheddar grattugiato e miscela di formaggio americano
- 1 lattina di zuppa di funghi "light".
- 1 lattina di pomodori con peperoncini verdi
- 1 pacchetto (1 oncia) di brodo di pollo misto secco
-

3/4 tazza di brodo riservato

PREPARAZIONE

1. In una pentola da 2 litri, cuocere a vapore i petti di pollo fino a renderli morbidi con sedano, cipolla, timo, sale e pepe in circa 25 minuti. Togliere il pollo e lasciarlo raffreddare. tritare o tritare. Prenota 3/4 tazza di brodo. Eliminare il brodo avanzato o congelarlo per utilizzarlo in un'altra ricetta. Mezza lasagna; Cuocere fino a quando diventa

leggermente flessibile, circa 5-8 minuti. Scolare e sciacquare con acqua fredda per una più facile manipolazione.
2. In una ciotola media, unire la zuppa, i pomodori, la salsa e il brodo. Versare 3/4 tazza di miscela di zuppa in una pentola a cottura lenta da 3 1/2-4 quart. Disporre 4-6 metà di lasagne sopra il composto della zuppa. Aggiungi 1/3 di spinaci, 1/3 di pollo, 1/3 di funghi e 1/2 tazza di formaggio grattugiato. Versare un'altra tazza di 3/4 di miscela di zuppa su tutto. Ripetere gli strati altre due volte, quindi completare con il restante composto di zuppa. Coprire e cuocere a fuoco lento per 4-5 ore. Se cuocete troppo a lungo la pasta potrebbe ammorbidirsi. Quindi controlla dopo circa quattro ore e mezza.
3. Serve 4.

Casseruola di pollo Ruben Crockpot

INGREDIENTI

- 2 sacchetti (16 once ciascuno) di crauti, sciacquati e scolati
- 1 tazza di condimento per insalata russa leggero o ipocalorico, diviso
- 6 metà di petto di pollo disossate e senza pelle
- 1 cucchiaio di senape preparata
- 4-6 fette di formaggio svizzero
- prezzemolo fresco, per decorazione, facoltativo

PREPARAZIONE

1. Metti metà dei crauti in una pentola a cottura lenta elettrica da 1 litro. Irrorare con circa 1/3 di tazza di condimento. Disporre sopra 3 metà di petto di pollo e spalmare la senape sul pollo. Guarnire con i restanti crauti e il petto di pollo. Versare un'altra tazza di salsa sul piatto. Conservare in frigorifero la salsa rimanente fino al momento di servire. Coprire e cuocere a fuoco lento finché il pollo non sarà completamente bianco e tenero, circa 3 ore e mezza o 4 ore.
2. Per servire, dividere la casseruola in 6 piatti. Guarnire con una fetta di formaggio e irrorare con qualche cucchiaino di salsa russa. Servire subito, guarnendo a piacere con prezzemolo fresco.
3. Serve 6.

Pollo Crockpot Forte

INGREDIENTI

- 4-8 filetti di petto di pollo disossati e senza pelle
- 1 bottiglia (8 once) di condimento italiano Wishbone Robusto
- 1 libbra di pasta all'uovo in un sacchetto
- 4 once. panna acida
- 1/2 tazza di parmigiano, più una quantità per servire

PREPARAZIONE

1. Metti i petti di pollo nella pentola. Versarvi sopra il condimento italiano. Coprire e cuocere a fuoco basso per 7 ore o a fuoco alto per 3 ore e mezza. Rimuovi il pollo dalla pentola; lasciare il fuoco acceso. Aggiungi metà della panna acida ai succhi e mescola fino a quando non si scioglie. Ti riscalda.
2. Cuocere la pasta e scolarla bene. Aggiungere la restante panna acida e il parmigiano alla pasta e mescolare fino a quando non si scioglie. Servire il pollo sulla pasta e versarvi sopra la salsa di pollo.
3. Spolverare con parmigiano a piacere.

Pollo in casseruola con carciofi

INGREDIENTI

- Metà di petto di pollo disossate e senza pelle da 1/2 a 2 libbre
- 8 once di funghi freschi affettati
- 1 lattina (14,5 once) di pomodori a cubetti
- 1 confezione di carciofi surgelati, da 8 a 12 once
- 1 tazza di brodo di pollo
- 1/2 tazza di cipolla tritata
- 1 lattina (3-4 once) di olive mature, affettate
- 1/4 tazza di vino bianco secco o brodo di pollo
- 3 cucchiai di tapioca istantanea
- 2 cucchiaini di curry in polvere oa piacere
- 3/4 cucchiaino di timo secco, tritato
- 1/4 cucchiaino di sale
- 1/4 cucchiaino di pepe
- 4 tazze di riso cotto caldo

PREPARAZIONE

1. Risciacquare il pollo; scolare e mettere da parte. In una pentola a cottura lenta da 3 1/2 a 5 litri, unisci i funghi, i pomodori, i cuori di carciofo, il brodo di pollo, la cipolla tritata, le olive a fette e il vino. Mescolare la tapioca, il curry in polvere, il timo, il sale e il pepe. Aggiungi il pollo alla pentola; Versare un po' del composto di pomodoro sul pollo.
2. Coprire e cuocere a fuoco BASSO per 7-8 ore o a ALTO per 3 1/2-4 ore. Servire con riso bollito caldo.
3. Per 6-8 porzioni.

www.ingramcontent.com/pod-product-compliance
Lightning Source LLC
Chambersburg PA
CBHW071832110526
44591CB00011B/1304